JN124130

浄土真宗本願寺派
僧侶教本A

浄土真宗本願寺派宗制

浄土真宗本願寺派宗制

〔 昭和21年9月11日発布 〕
〔 昭和22年4月1日施行 〕

改正　第1回全文改正　平19・11・28（第284回臨時宗会議決）

目次

　　本宗門の宗祖親鸞聖人は、『顕浄土真実教行証文類』を著し、龍樹、天親、曇鸞、道綽、善導、源信、源空の七高僧の釈義を承け、『仏説無量寿経』の本義を開顕して、本願名号の真実の教えを明らかにされた。これが浄土真宗の立教開宗である。

　　本宗門は、その教えによって、本願名号を聞信し念仏する人々の同朋教団であり、あらゆる人々に阿弥陀如来の智慧と慈悲を伝え、もって自他共に心豊かに生きることのできる社会の実現に貢献するものである。

　　　　第1章　本尊

　　本宗門の本尊は、阿弥陀如来（南無阿弥陀仏）一仏である。
　　教法弘通の恩徳を報謝するため、宗祖、七高僧、聖徳太子及び歴代宗主の影像を安置する。

　　　　第2章　聖教

　　本宗門の正依の聖教は、次のとおりとする。
　一　浄土三部経
　　　　仏説無量寿経　　康僧鎧訳
　　　　仏説観無量寿経　畺良耶舎訳
　　　　仏説阿弥陀経　　鳩摩羅什訳
　二　七高僧の撰述

十住毘婆沙論　　龍樹造　　　　鳩摩羅什訳

浄土論　　　　　　天親造　　　　菩提流支訳
　（無量寿経優婆提舎願生偈）

往生論註　　　　　曇鸞撰
　（無量寿経優婆提舎願生偈註）

讃阿弥陀仏偈　　　曇鸞撰

安楽集　　　　　　道綽撰

観経疏　　　　　　善導撰
　　観経玄義分
　　観経序分義
　　観経定善義
　　観経散善義

法事讃　　　　　　善導撰
　（上巻首題：転経行道願往生浄土法事讃、
　　上巻尾題：西方浄土法事讃、
　　下巻首尾：安楽行道転経願生浄土法事讃）

観念法門　　　　　善導撰
　（首題：観念阿弥陀仏相海三昧功徳法門、
　　尾題：観念阿弥陀仏相海三昧功徳法門経）

往生礼讃　　　　　善導撰
　（首尾：往生礼讃偈）

般舟讃　　　　　　善導撰
　（首題：依観経等明般舟三昧行道往生讃、
　　尾題：般舟三昧行道往生讃）

往生要集　　　　　源信撰

選択集　　　　　　源空撰
　（選択本願念仏集）

三　宗祖の撰述
　顕浄土真実教行証文類
　浄土文類聚鈔
　愚禿鈔
　入出二門偈頌
　浄土和讃

高僧和讃
正像末和讃
浄土三経往生文類
尊号真像銘文
一念多念文意
唯信鈔文意
如来二種回向文
弥陀如来名号徳
御消息、その他の撰述及び文書

　上記のほか、宗祖の教えを伝承し、その意義を明らかにされた第3代宗主覚如の撰述及び第8代宗主蓮如の『御文章』等、並びに宗祖や第8代宗主蓮如が信心の鑑として敬重された典籍は聖教に準ずる。

第3章　教義

　浄土真宗の教義の大綱は『顕浄土真実教行証文類』に顕示された本願力による往相・還相の二種の回向と、その往相の因果である教・行・信・証の四法である。

　教とは『仏説無量寿経』、行とは南無阿弥陀仏、信とは無疑の信心、証とは滅度である。真実の教である『仏説無量寿経』に説き示された南無阿弥陀仏の名号を疑いなく聞く信心によって、現生には正定聚に住し、当来には阿弥陀如来のさとりそのものの世界である浄土に往生して滅度の仏果を証する。

　信心は、阿弥陀如来の大智大悲の徳を具えた名号をいただくことであるから、往生の正因となる。信心決定の上は、報恩感謝の思いから、仏徳を讃嘆する称名念仏を相続する。これを信心正因、称名報恩というのである。

　教・行・信・証の四法は、衆生が浄土に往生する相であるから、これを往相という。浄土に往生して仏果を得れば、おのずから大悲を起こし、生死の世界に還り来って自在に衆生を済度するのであり、これを還相という。往相も還相も、ともに本願力回向の利益である。これが自力心を否定した他力の救いであり、すべての衆生が、無上涅槃を証ることのできる誓願一仏乗の大道である。

第4章　歴史

　親鸞聖人は承安3年に誕生し、9歳で出家の後、比叡山で学問修行に励

み、29歳で師源空の導きによって雑行をすて本願に帰依された。35歳で越後に流罪となった後、恵信と共に関東に移って念仏の教えを弘め、晩年は京都で著述に力を注ぎ、弘長2年に90歳で往生された。

　聖人の滅後、その息女覚信は、聖人の遺弟たちと共に、京都東山大谷に廟堂を建て、聖人の遺骨と影像を安置した。やがてこの廟堂が本願寺となり、宗門の礎が築かれていく。

　爾来、本願寺は諸国門徒の帰向の中心となり、さらに宗門の本山として崇敬されるに至った。宗門の伝灯は、宗祖の孫である第2代宗主如信から第3代宗主覚如に受け継がれ、以降宗祖の子孫を宗主として次第相承されてきた。

　第8代宗主蓮如の時に教線が拡大され、第11代宗主顕如の時には本願寺の寺基が京都堀川六条に定められて現在に至っている。今日、その教線は世界の各地にひろがった。このように宗門は多くの人々の懇念によって支えられ、法灯を伝承された歴代宗主のもと、念仏の法が受け継がれているのである。

第5章　宗範

　本宗門に集う人々は、親鸞聖人の行跡を慕い、常に阿弥陀如来の本願を依りどころとする念仏の生活にいそしんで仏恩報謝に努め、現世祈祷を必要としない無碍の一道を歩むのである。

第6章　補則

　本宗制の変更は、あらかじめ勧学寮の同意を経て、宗会議員の定数の4分の3以上が出席した宗会において、出席議員の4分の3以上の多数で議決しなければならない。

　本宗制の変更は、宗門全般に公示し、その公示の日から2か月以内に宗門投票を行う決定がされた場合を除き、総長は、直ちに発布の手続をしなければならない。

　本宗制の施行に必要な事項は、宗則で定める。

　　　附　則

本宗制は、昭和22年4月1日から、これを施行する。

本宗制の改正に関する事柄は、宗法に規定する。

　　　附　則（第1回全文改正の附則）

本宗制変更は、平成20年4月1日から施行する。

浄土真宗の教章 (私の歩む道)

宗　名　浄土真宗

宗　祖　親鸞聖人
（ご開山）　ご誕生　1173年5月21日
　　　　　　　　（承安3年4月1日）
　　　　　　　ご往生　1263年1月16日
　　　　　　　　（弘長2年11月28日）

宗　派　浄土真宗 本願寺派

本　山　龍谷山　本願寺（西本願寺）

本　尊　阿弥陀如来（南無阿弥陀仏）

聖　典　・釈迦如来が説かれた「浄土三部経」
　　　　　　　『仏説無量寿経』『仏説観無量寿経』『仏説阿弥陀経』
　　　　　　・宗祖　親鸞聖人が著述された主な聖教
　　　　　　　『正信念仏偈』（『教行信証』行巻末の偈文）
　　　　　　　『浄土和讃』『高僧和讃』『正像末和讃』
　　　　　　・中興の祖　蓮如上人のお手紙
　　　　　　　『御文章』

教　義　阿弥陀如来の本願力によって信心をめぐまれ、念仏を申す人
生を歩み、この世の縁が尽きるとき浄土に生まれて仏となり、迷
いの世に還って人々を教化する。

生　活　親鸞聖人の教えにみちびかれて、阿弥陀如来のみ心を聞き、
念仏を称えつつ、つねにわが身をふりかえり、慚愧と歓喜のう
ちに、現世祈祷などにたよることなく、御恩報謝の生活を送

る。

宗　門　　この宗門は、親鸞聖人の教えを仰ぎ、念仏を申す人々の集う同朋教団であり、人々に阿弥陀如来の智慧と慈悲を伝える教団である。それによって、自他ともに心豊かに生きることのできる社会の実現に貢献する。

念仏者の生き方

念仏者の生き方

　仏教は今から約2500年前、釈尊がさとりを開いて仏陀となられたことに始まります。わが国では、仏教はもともと仏法と呼ばれていました。ここでいう法とは、この世界と私たち人間のありのままの真実ということであり、これは時間と場所を超えた普遍的な真実です。そして、この真実を見抜き、目覚めた人を仏陀といい、私たちに苦悩を超えて生きていく道を教えてくれるのが仏教です。

　仏教では、この世界と私たちのありのままの姿を「諸行無常」と「縁起」という言葉で表します。「諸行無常」とは、この世界のすべての物事は一瞬もとどまることなく移り変わっているということであり、「縁起」とは、その一瞬ごとにすべての物事は、原因や条件が互いに関わりあって存在しているという真実です。したがって、そのような世界のあり方の中には、固定した変化しない私というものは存在しません。

　しかし、私たちはこのありのままの真実に気づかず、自分というものを固定した実体と考え、欲望の赴くままに自分にとって損か得か、好きか嫌いかなど、常に自己中心の心で物事を捉えています。その結果、自分の思い通りにならないことで悩み苦しんだり、争いを起こしたりして、苦悩の人生から一歩たりとも自由になれないのです。このように真実に背いた自己中心性を仏教では無明煩悩といい、この煩悩が私たちを迷いの世界に繋ぎ止める原因となるのです。なかでも代表的な煩悩は、むさぼり・いかり・おろかさの三つで、これを三毒の煩悩といいます。

　親鸞聖人も煩悩を克服し、さとりを得るために比叡山で20年にわたりご修行に励まれました。しかし、どれほど修行に励もうとも、自らの力では断ち切れない煩悩の深さを自覚され、ついに比叡山を下り、法然聖人のお導きによって阿弥陀如来の救いのはたらきに出遇われました。阿弥陀如来とは、悩み苦しむすべてのものをそのまま救い、さとりの世界へ導こうと願われ、その願い通りにはたらき続けてくださっている仏さまです。この願いを、本願といいます。我執、我欲の世界に迷い込み、そこから抜け出せない私を、そのままの姿で救うとはたらき続けていてくださる阿弥陀如来のご本願ほど、有り難いお慈悲はありません。しかし、今ここでの救いの中にありながらも、そのお慈悲ひとすじにお任せできない、よろこべない私の愚かさ、煩

悩の深さに悲嘆せざるをえません。

　私たちは阿弥陀如来のご本願を聞かせていただくことで、自分本位にしか生きられない無明の存在であることに気づかされ、できる限り身を慎み、言葉を慎んで、少しずつでも煩悩を克服する生き方へとつくり変えられていくのです。それは例えば、自分自身のあり方としては、欲を少なくして足ることを知る「少欲知足」であり、他者に対しては、穏やかな顔と優しい言葉で接する「和顔愛語」という生き方です。たとえ、それらが仏さまの真似事といわれようとも、ありのままの真実に教え導かれて、そのように志して生きる人間に育てられるのです。このことを親鸞聖人は門弟に宛てたお手紙で、「（あなた方は）今、すべての人びとを救おうという阿弥陀如来のご本願のお心をお聞きし、愚かなる無明の酔いも次第にさめ、むさぼり・いかり・おろかさという三つの毒も少しずつ好まぬようになり、阿弥陀仏の薬をつねに好む身となっておられるのです」とお示しになられています。たいへん重いご教示です。

　今日、世界にはテロや武力紛争、経済格差、地球温暖化、核物質の拡散、差別を含む人権の抑圧など、世界規模での人類の生存に関わる困難な問題が山積していますが、これらの原因の根本は、ありのままの真実に背いて生きる私たちの無明煩悩にあります。もちろん、私たちはこの命を終える瞬間まで、我欲に執われた煩悩具足の愚かな存在であり、仏さまのような執われのない完全に清らかな行いはできません。しかし、それでも仏法を依りどころとして生きていくことで、私たちは他者の喜びを自らの喜びとし、他者の苦しみを自らの苦しみとするなど、少しでも仏さまのお心にかなう生き方を目指し、精一杯努力させていただく人間になるのです。

　国の内外、あらゆる人びとに阿弥陀如来の智慧と慈悲を正しく、わかりやすく伝え、そのお心にかなうよう私たち一人ひとりが行動することにより、自他ともに心豊かに生きていくことのできる社会の実現に努めたいと思います。世界の幸せのため、実践運動の推進を通し、ともに確かな歩みを進めてまいりましょう。

　2016（平成28）年10月1日

　　　　　　　　　　　浄土真宗本願寺派門主　大谷光淳

私たちのちかい

「私たちのちかい」についての親教

　私は伝灯奉告法要の初日に「念仏者の生き方」と題して、大智大悲からなる阿弥陀如来のお心をいただいた私たちが、この現実社会でどのように生きていくのかということについて、詳しく述べさせていただきました。このたび「念仏者の生き方」を皆様により親しみ、理解していただきたいという思いから、その肝要を「私たちのちかい」として次の四ヵ条にまとめました。

私たちのちかい

　一、自分の殻に閉じこもることなく
　　　穏やかな顔と優しい言葉を大切にします
　　　微笑み語りかける仏さまのように

　一、むさぼり、いかり、おろかさに流されず
　　　しなやかな心と振る舞いを心がけます
　　　心安らかな仏さまのように

　一、自分だけを大事にすることなく
　　　人と喜びや悲しみを分かち合います
　　　慈悲に満ちみちた仏さまのように

　一、生かされていることに気づき
　　　日々に精一杯つとめます
　　　人びとの救いに尽くす仏さまのように

この「私たちのちかい」は、特に若い人の宗教離れが盛んに言われており
ます今日、中学生や高校生、大学生をはじめとして、これまで仏教や浄土真
宗のみ教えにあまり親しみのなかった方々にも、さまざまな機会で唱和して
いただきたいと思っております。そして、先人の方々が大切に受け継いでこ
られた浄土真宗のみ教えを、これからも広く伝えていくことが後に続く私た
ちの使命であることを心に刻み、お念仏申す道を歩んでまいりましょう。

　2018（平成30）年11月23日

　　　　　　　　　　　　　浄土真宗本願寺派門主　大　谷　光　淳

浄土真宗のみ教え

「浄土真宗のみ教え」についての親教

　本年も、皆さまと共に立教開宗記念法要のご勝縁に遇（あ）わせていただきました。立教開宗とは親鸞聖人が『教行信証（きょうぎょうしんしょう）』を著（あらわ）して他力の念仏を体系的にお示しになり、浄土真宗のみ教えを確立されたことをいいます。この法要をご縁として、私たちに浄土真宗のみ教えが伝わっていることをあらためて味わわせていただきましょう。

　さて、仏教を説かれたお釈迦さまは、諸行無常（しょぎょうむじょう）や諸法無我（しょほうむが）という言葉でこの世界のありのままの真実を明らかにされました。この真実を身をもって受け入れることのできない私（わたし）たちは、日々「苦しみ」を感じて生きていますが、その代表的なものが「生老病死（しょうろうびょうし）」の「四苦（しく）」であるとお釈迦さまは表されました。むさぼり・いかり・おろかさなどの煩悩（ぼんのう）を抱えた私たちは、いのち終わるその瞬間まで、苦しみから逃れることはできません。

　このように真実をありのままに受け入れられない私たちのことを、親鸞聖人は「煩悩具足（ぼんのうぐそく）の凡夫（ぼんぶ）」と言われました。そして、阿弥陀如来は煩悩の闇（やみ）に沈（しず）む私たちをそのままに救い取りたいと願われ、そのお慈悲のお心を「南無（なも）阿弥陀仏（あみだぶつ）」のお念仏に込めてはたらき続けてくださっています。ご和讃に「罪業（ざいごう）もとよりかたちなし　妄想顛倒（もうぞうてんどう）のなせるなり」「煩悩・菩提体無二（ぼだいたいむに）」とありますように、人間の分別（ふんべつ）がはたらき出す前のありのままの真実に基づく如来のお慈悲ですから、いのちあるものすべてに平等にそそがれ、誰一人として見捨てられることなく、そのままの姿で摂（おさ）め取ってくださいます。

　親鸞聖人は「念仏成仏これ真宗」（『浄土和讃』）、「信は願より生ずれば念仏成仏自然（じねん）なり　自然はすなはち報土なり　証（しょう）大涅槃（だいねはん）うたがはず」（『高僧和讃』）とお示しになっています。浄土真宗とは、「われにまかせよ　そのまま救う」という「南無阿弥陀仏」に込められた阿弥陀如来のご本願のお心を疑いなく受け入れる信心ただ一つで、「自然の浄土」（『高僧和讃』）でかたちを超えたこの上ないさとりを開いて仏に成るというみ教えです。

　阿弥陀如来に願われたいのちと知らされ、その温かなお慈悲に触れる時、大きな安心（あんじん）とともに生きていく力が与えられ、人と喜びや悲しみを分かち合い、お互いに敬（うやま）い支え合う世界が開かれてきます。如来のお慈悲に救われていく安心と喜びのうえから、仏恩報謝（ぶっとんほうしゃ）の道を歩まれたのが親鸞聖人でした。私たちも聖人の生き方に学び、次の世代の方々にご法義がわかりやすく伝わるよう、ここにその肝要を「浄土真宗のみ教え」として味わいたいと思います。

浄土真宗のみ教え

南無阿弥陀仏
「われにまかせよ　そのまま救う」の　弥陀のよび声
私の煩悩と仏のさとりは　本来一つゆえ
「そのまま救う」が　弥陀のよび声

ありがとう　といただいて
この愚身をまかす　このままで
救い取られる　自然の浄土
仏恩報謝の　お念仏

み教えを依りどころに生きる者　となり
少しずつ　執われの心を　離れます
生かされていることに　感謝して
むさぼり　いかりに　流されず
穏やかな顔と　優しい言葉
喜びも　悲しみも　分かち合い
日々に　精一杯　つとめます

　来る2023（令和5）年には親鸞聖人御誕生850年・立教開宗800年慶讃法要をお迎えいたします。聖人が御誕生され、浄土真宗のみ教えを私たちに説き示してくださったことに感謝して、この「浄土真宗のみ教え」を共に唱和し、共につとめ、み教えが広く伝わるようお念仏申す人生を歩ませていただきましょう。なお、2018（平成30）年の秋の法要（全国門徒総追悼法要）の親教において述べました「私たちのちかい」は、中学生や高校生、大学生をはじめとして、これまで仏教や浄土真宗にあまり親しみのなかった方々にも、さまざまな機会で引き続き唱和していただき、み教えにつながっていくご縁にしていただきたいと願っております。

2021（令和3）年4月15日

浄土真宗本願寺派門主　大谷光淳

新しい「領解文」（浄土真宗のみ教え）

新しい「領解文」（浄土真宗のみ教え）についての消息

　本年三月には、「親鸞聖人御誕生八百五十年・立教開宗八百年慶讃法要」という記念すべきご勝縁をお迎えいたします。このたびの慶讃法要は、親鸞聖人の立教開宗のご恩に深く感謝し、同じお念仏の道を歩む者同士が、あらためて同信の喜びを分かち合うためのご法要です。また、これを機縁として、特に若い人やこれまで仏教や浄土真宗に親しみのなかった人など、一人でも多くの方々に浄土真宗とのご縁を結んでいただきたいと思います。

　伝道教団を標榜する私たちにとって、真実信心を正しく、わかりやすく伝えることが大切であることは申すまでもありませんが、そのためには時代状況や人々の意識に応じた伝道方法を工夫し、伝わるものにしていかなければなりません。このような願いをこめ、令和三年・二〇二一年の立教開宗記念法要において、親鸞聖人の生き方に学び、次の世代の方々にご法義がわかりやすく伝わるよう、その肝要を「浄土真宗のみ教え」として示し、ともに唱和していただきたい旨を申し述べました。

　浄土真宗では蓮如上人の時代から、自身のご法義の受けとめを表出するために『領解文』が用いられてきました。そこには「信心正因・称名報恩」などご法義の肝要が、当時の一般の人々にも理解できるよう簡潔に、また平易な言葉で記されており、領解出言の果たす役割は、今日でも決して小さくありません。

　しかしながら、時代の推移とともに、『領解文』の理解における平易さという面が、徐々に希薄になってきたことも否めません。したがって、これから先、この『領解文』の精神を受け継ぎつつ、念仏者として領解すべきことを正しく、わかりやすい言葉で表現し、またこれを拝読、唱和することでご法義の肝要が正確に伝わるような、いわゆる現代版の「領解文」というべきものが必要になってきます。そこでこのたび、「浄土真宗のみ教え」に師徳への感謝の念を加え、ここに新しい「領解文」（浄土真宗のみ教え）として示します。

新しい「領解文」（浄土真宗のみ教え）

南無阿弥陀仏

「われにまかせよ　そのまま救う」の　弥陀のよび声
私の煩悩と仏のさとりは　本来一つゆえ
「そのまま救う」が　弥陀のよび声

ありがとう　といただいて
この愚身をまかす　このままで
救い取られる　自然の浄土
仏恩報謝の　お念仏

これもひとえに
宗祖親鸞聖人と
法灯を伝承された　歴代宗主の
尊いお導きに　よるものです

み教えを依りどころに生きる者　となり
少しずつ　執われの心を　離れます
生かされていることに　感謝して
むさぼり　いかりに　流されず
穏やかな顔と　優しい言葉
喜びも　悲しみも　分かち合い
日々に　精一杯　つとめます

　この新しい「領解文」（浄土真宗のみ教え）を僧俗を問わず多くの方々に、さまざまな機会で拝読、唱和いただき、み教えの肝要が広く、また次の世代に確実に伝わることを切に願っております。

令和五年
二〇二三年　一月十六日　　　　　　龍谷門主　釋 専 如

新しい「領解文」(浄土真宗のみ教え)解説

　このたび、ご門主より発布されましたご消息は、新しい「領解文」(浄土真宗のみ教え)と題していますが、平易さを重視し、唱和することを目的としたために、その肝要を現代版に直したものであることをご理解ください。

　ところでこの文は、三段に分けて受け止めることができます。まず第一段は、「南無阿弥陀仏」のおこころです。そのおこころをありがとう、といただき、おまかせする「信心」。そして救われていく「浄土」。それに「報謝の念仏」について述べています。第二段では、そのみ教えを私たちにお示しくださった宗祖親鸞聖人、また、お伝えくださった歴代宗主の恩徳について感謝を表しています。第三段では念仏者の日々に生活する態度を示し、聞法を勧める構成になっています。

　どのようなご文も同じですが、いかに味わって拝読するか、その味わい方が肝心です。いま、このご文を、二、三行ずつに分けてその肝要を窺ってまいりましょう。

第一段　お念仏のこころ
南無阿弥陀仏

　はじめに、六字の名号が掲げられます。この名号は単に名前ではありません。阿弥陀如来の顕現したおすがたを示すものです。

　親鸞聖人が名号といわれるとき、多くの場合、上に本願の語が冠せられます。「本願名号正定業」などです。他に「誓願の名号」とか「誓いの名号」などの例もみられます。これらは、名号が本願であり誓願されたそのこころを表しているという意味です。本願とは、阿弥陀如来が因位の法蔵菩薩であったとき、一切の苦しみ悩む衆生を一人のこさず救いとろうと誓われたものです。この願いが成就して阿弥陀仏となられ、そして名号となって私をよんでくださっているのです。ですから続いて

「われにまかせよそのまま救う」の弥陀のよび声

とあります。「そのまま救う」が阿弥陀如来の願いですので、短い消息文の

中に二度にわたって述べられます。親鸞聖人はこの六字の名号を

> しかれば、「南無」の言は帰命なり（中略）ここをもって「帰命」は本
> 願招喚の勅命なり。「発願回向」といふは、如来すでに発願して衆生の
> 行を回施したまふの心なり　　　　　　　　　　　（『註釈版聖典』一七〇頁）

として、阿弥陀仏が名号となって煩悩に覆われる私の上に届き「まかせよ、わが名を称えよ」とよびかけてくださるすがたと味わわれたのです。また、この名号はよび声ではありますが、阿弥陀仏の功徳のすべてを与えたいという慈悲のすがたでもあるのです。しかも、信ずることも、念仏することも如来よりいただくものと味わわれます。

私の煩悩と仏のさとりは本来一つゆえ 「そのまま救う」が弥陀のよび声

　ここで問題は、「私の煩悩と仏のさとりは本来一つゆえ」の受け止め方です。私たち凡夫の立場からすれば、異様な内容と映ります。しかし、阿弥陀如来の立場からするならば違って受け止めることができるのです。仏教では、迷いの世界とさとりの世界の両方を説きます。いま、私の煩悩と仏のさとりは本来一つ、と言われるのは、さとりの世界の風光を示すものです。

　阿弥陀如来には絶対的な真実無相の立場と、人間を救う仏として具体的なかたちをあらわす二面性があります。それが智慧と慈悲の阿弥陀仏と言われる所以です。智慧とはさとりを指しますので、その智慧の眼で眺めた時には「煩悩と菩提は一つ」と見ることができます。このさとりの智慧から衆生救済の慈悲が導き出されるのですから「ゆえ」が付加されているのでしょう。

　要するに阿弥陀如来のさとりの智慧から「この私をよんでくださる慈悲」が出されたという意味です。この弥陀のよび声に私が呼応して「ありがとうございます」といただくのです。「そのまま救う」とよびかけてくださるのですから、素直に「この身このまま、おまかせします」と、ただただおまかせするのみを「いただく」と言っているのです。ですから

ありがとうといただいて

と続きます。

　阿弥陀如来の必ず救うという慈悲のこころをそのまま受け入れて、この身をおまかせする。ここを「信心をいただく」と表現し、ここに他力の救いが成立します。本願を憶念して、自力のこころを離れていく、それ以外に煩悩具足の私が迷いの世界から抜け出る道はありません。

この愚身をまかすこのままで
救い取られる自然の浄土

　すでに述べたように、救われるということは、如来のよび声を聞き、おまかせするということです。ですから、如来の側からすれば「そのままの救い」であり、私の側から言えば「このまま救われる」ということになります。

　ここを「愚身をまかす」とあえて「愚身」と書いて「み」と読むように指示されています。私という愚かな身ながら「このまま救われる」ことを表そうとされているのです。そうすれば、私の命が終わったその時にお浄土に往生させていただき、この私を仏にしてくださいます。

　その往生させていただく世界が「救い取られる自然の浄土」、いわゆる極楽浄土です。浄土が自然の語によってさとりの世界であることを表そうとしています。「自然虚無之身無極之体」という経典のことばにも、自然がさとりを意味していることが窺えます。

仏恩報謝のお念仏

　阿弥陀如来の私をよんでくださるよび声が届いた瞬間からお浄土に寄せていただくまでのこの世での生活、それが「ありがとうございます」という感謝の念仏生活以外にはありません。「仏恩報謝のお念仏」と表現される所以です。南無阿弥陀仏と私の口からお念仏が出ます。決して救いの因として役立たせるためではありません。阿弥陀如来のご恩をよろこぶ気持ちがあふれ出たものです。仏になるべき身に育てあげていただいたご恩に対する報恩の念仏です。

第二段　師の徳を讃える

これもひとえに
宗祖親鸞聖人と
法灯を伝承された歴代宗主の
尊いお導きによるものです

　ところで、愚身の私が往生させていただく手段は、すべて阿弥陀さまの方で完成されていますので、これを「他力」といいます。この「他力の法門」を数あるお釈迦さまの教えの中から見出してくださり、この私に至るまでお伝えくださったのは「ひとえに宗祖親鸞聖人と法灯を伝承された歴代宗主の尊いお導きによるもの」と言えましょう。親鸞聖人ましまさずば、と思うとき本当にお念仏に遇いえた喜びが湧きあがってきます。そして法灯を伝承された歴代宗主のお導きに感謝しなければなりません。

第三段　念仏者の生活

み教えを依りどころに生きる者となり
少しずつ執われの心を離れます

　「そのままの救い」とか「摂取不捨の救い」とはいっても、どんな悪事をしてもいいということではありません。「薬あればとて、毒をこのむべからず」という誡めもあります。ですから、他力の教えをいただき感謝の念仏を称える人たちの生き方はどのようなものといえるでしょうか、それを考えねばなりません。消息文では「み教えを依りどころに生きる者」と示されています。

　今生が終わった後の行き先が定まれば、その後の生活は当然ながら異なってくるものです。努力しなくとも「少しずつ執われの心」が離れていきましょう。「執われ」とは「この世の財産や地位、名誉等々」に執われることで、当然ながら、そこには「生きる」ことも含まれます。要するに、死んだ後まで相続できないものへの執着です。

　私たちは、この執着心からなかなか離れることができないものです。しか

し、それが阿弥陀如来のみ光に照らされて、死後に至るまで相続できないものとわかれば、少しずつ心に変化が生じてくるものです。そこを聖人は

　　　仏のちかひをききはじめしより、無明の酔ひもやうやうすこしづつさめ、三毒をもすこしづつ好まずして、阿弥陀仏の薬をつねに好みめす身となりておはしましあうて候ふぞかし　　　（『註釈版聖典』七三九頁）

と示してくださいます。

　ここの「誓いを聞き始めしより」の文が大切です。煩悩成就の凡夫ですが、如来の誓願を知ったならばという意味でしょう。そうすれば、いかり、はらだち、そねみ、ねたむこころが少しずつ遠のいていくものだと示してくださっているのです。

生かされていることに感謝して　むさぼりいかりに流されず

　執われの心が薄れてくれば「生かされていることに感謝」ができます。私たちは多くのご縁によって生かされています。常に自分を中心において、さまざまなご縁を眺めていますが、ご縁が先にあっての私だということがわかります。生かされて生きているのです。そのように思うとき、煩悩的欲求に無批判に従うことはできません。

　また、貪・瞋・痴の三毒の煩悩は死ぬまで無くなりませんが、親鸞聖人がお示しくださったように「無明の酔ひもやうやうすこしづつさめ」てくるに違いありません。これらを「むさぼりいかりに流されず」と言い表しているのです。くれぐれもそのように努力しなければならないという意味ではありません。自ずからそのような念仏生活ができるという意味ですのでご注意ください。

穏やかな顔と優しい言葉　喜びも悲しみも分かち合い

　「和顔愛語」は法蔵菩薩修行の徳目の一つです。阿弥陀如来はいつも私た

ちによりそい、私の喜び悲しみを共にしてくださる仏さまです。

善導大師は、阿弥陀仏と念仏の衆生との関係を親縁で示してくださいます。親しい間柄という意味です。阿弥陀さまと私が親しい間柄ということをこころに思い浮かべるとき、自然にこころ穏やかになり、顔や言葉にあらわれるものです。私の優しい態度や言葉は、広く他におよび、曇鸞大師が念仏者を「四海のうちみな兄弟とするなり」(『註釈版聖典』三一〇頁)と言われるような輪が広がっていきます。すなわち、「穏やかな顔と優しい言葉」また「喜びも悲しみも分かち合」う生活が送れることになるのです。

日々に精一杯つとめます

念仏申して生きることは、生きる意義がはっきりするということです。『仏説無量寿経』には

> 愚痴曚昧にしてみづから智慧ありと以うて、生の従来するところ、死の
> 趣向するところを知らず　　　　　　　　(『註釈版聖典』七〇頁)

とあります。どこから来て、どこへ帰っていくのか知らない私です。そのような私に生きる方向を指し示してくださるのがお念仏です。

そのお念仏による仏恩報謝の生活では、このように素晴らしい心安らぐ日常が送れるということです。

そのために、私たちはとにかく「阿弥陀如来のよび声に呼応」しなければなりません。この呼応することが「ご信心をいただく」という意味でもあります。まず私たちが聞法にはげみ、そして少しでも如来のお心にかなう生き方を目指し、「日々に精一杯つとめ」なければならないでしょう。それを奨励した言葉であることを肝に銘じなければなりません。

今回発布された消息文を以上のような味わいで唱和くださいますことをここに念じます。

(本願寺新報2023 (令和5) 年2月1日号掲載)

新しい「領解文」(浄土真宗のみ教え)についての消息をいただいて

ご親教「念仏者の生き方」からご消息を仰ぐ

　ご門主は、2023(令和5)年1月16日の「御正忌報恩講法要」ご満座に続いて、新しい「領解文」（浄土真宗のみ教え）についての消息をお示しになられました。その理由についてご門主は、浄土真宗において従来用いられてきた『領解文』の果たす役割の重要性をご指摘になられた上で、

　　しかしながら、時代の推移とともに『領解文』の理解における平易さという面が、徐々に希薄になってきたことも否めません。したがって、これから先、この『領解文』の精神を受け継ぎつつ、念仏者として領解すべきことを正しく、わかりやすい言葉で表現し、またこれを拝読、唱和することでご法義の肝要が正確に伝わるような、いわゆる現代版の「領解文」というべきものが必要になってきます。そこでこのたび、「浄土真宗のみ教え」に師徳への感謝の念を加え、ここに新しい「領解文」（浄土真宗のみ教え）として示します。

と述べられ、ご法義を正しくいただくことと、現代における伝道の重要性を示されています。

　浄土真宗のご法義について、その基本的な頂き方をお示しになられたのが、ご親教「念仏者の生き方」【2016（平成28）年10月1日／第25代専如門主伝灯奉告法要初日】です。そして、ご親教「念仏者の生き方」でのご教示の肝要を、これまで仏教や浄土真宗の教えにあまり親しみのなかった方々に向けお示しになったのが「私たちのちかい」についてのご親教【2018（平成30）年11月23日／全国門徒総追悼法要（秋の法要）】です。ここでは、私たちが日々の生活のなかでどのように生きていくかを専門用語を用いずにやさしい言葉で4ヵ条にまとめられています。さらに、「念仏者の生き方」「私たちのちかい」を受けながら、私たちが親鸞聖人の生き方に学び、次の世代の方々に浄土真宗のみ教えがわかりやすく伝わるよう、現代的にその肝要を示されたのが「浄土真宗のみ教え」についてのご親教【2021（令和3）年4月15

日／立教開宗記念法要（春の法要）】です。そして、このご親教に師徳への感謝の念を加えて示されたのが新しい「領解文」（浄土真宗のみ教え）です。

　ここでは、ご親教「念仏者の生き方」について説明をいたします。

　釈尊は、「この世界と私たちのありのままの姿」を「諸行無常」「縁起」などの言葉で表されました。「諸行無常」とは、この世界には変化しないものはないということ、「縁起」とは、私たちの世界で起こるすべてのことは、原因やさまざまな条件、縁が互いに関係しあい生起している、縁って起きているということです。そして、このことを仏教ではすべてのこと・ものは縁起の存在であるので、固定した実体としてのすがた・かたちはないと考え「無我」という言葉で言い表しています。

　この「ありのままの姿」を見ることができるのは仏さまです。なぜなら、仏さまには自分と他者に分けてものごとを認識し、執われる分別をこえた智慧があり、ありのままの真実のあり方を自分の都合で受けとらず、すべてを平等に見ることができるからです。ですから、他者の苦しみ悲しみは自分の苦しみ悲しみとして受けとめられ、そのままにしておけなくなります。その「そのままにしておけない」という心が慈悲であり、智慧と慈悲とは実質的には分けることができません。

　これに対して、私たちは「この世界と私たちのありのままの姿」をそのままに受け取ることができません。なぜなら、私たちの心はものごとに執われる自己中心的な心（煩悩）でいっぱいの状態だからです。自分だけが得をしたいという貪りの心（貪欲）、自分だけが損をしたという瞋りの心（瞋恚）、自分のことしか考えられない愚かな心（愚痴）、これら3つが、「三毒の煩悩」といわれます。こうした煩悩があるからこそ、私たちは「苦」から逃れることができず、迷いの世界につなぎ止められているのです。

　親鸞聖人は、このような煩悩の深さを自覚され、阿弥陀如来の救いに出遇われました。阿弥陀如来は悩み苦しむすべてのものをそのまま救おうと願われ、その願い通りにはたらき続けてくださっている仏さまです。この阿弥陀如来のはたらきこそ「われにまかせよ　そのまま救う」というよび声（名号・南無阿弥陀仏）であり、私たちはそのはたらきにおまかせすることによっ

て、浄土に生まれこの上ないさとりを開いて仏に成ることができるのです。このおまかせした心を信心といい、その喜びから「南無阿弥陀仏」と称えるのが仏恩報謝の念仏です。

　念仏を申す生活を「念仏者の生き方」では、「自分本位にしか生きられない無明の存在であることに気づかされ、できる限り身を慎み、言葉を慎んで、少しずつでも煩悩を克服する生き方へと作りかえられていくのです」とお示しになっています。

　ご門主は、現代における伝道の重要性について、新しい「領解文」（浄土真宗のみ教え）についての消息において、

　　伝道教団を標榜する私たちにとって、真実信心を正しく、わかりやすく伝えることが大切であることは申すまでもありませんが、そのためには時代状況や人々の意識に応じた伝道方法を工夫し、伝わるものにしていかなければなりません。

とお示しになっています。伝道とは、浄土真宗本願寺派宗制前文において、

　　本宗門は、その教えによって、本願名号を聞信し念仏する人びとの同朋教団であり、あらゆる人びとに阿弥陀如来の智慧と慈悲を伝え、もって自他共に心豊かに生きることのできる社会の実現に貢献するものである。

と掲げられているように、伝道教団たる浄土真宗本願寺派において最も重要なことです。

　浄土真宗本願寺派の僧侶は、浄土真宗のみ教えを深く学び、ご法義を正しくいただき、そのご法義が広く、また次の世代にまで確実に伝わるようにというご門主のお心をうけとめ、勉学布教に励むようにしてください。

以　上

目　次

僧侶について

釈尊の生涯

仏教の基礎知識

凡　例

1．本文に引用した『浄土真宗聖典―註釈版第二版―』（本願寺出版社）に
　ついての該当ページは、「（→註、〇〇頁）」と表記した。
　　なお、『浄土真宗聖典　七祖篇―註釈版―』については、「（→註七、〇
　〇頁）」と表記した。

2．本文中のページ表記「（→〇〇頁）」について、特に書名表記がない場合
　は本書のページ数を示した。
　　（例）　（→〇〇頁）

3．漢字の読みについては原則として、『浄土真宗聖典―註釈版第二版―』
　（本願寺出版社）に従った。

4．本文に引用した『浄土真宗本願寺派　法式規範』（第三版、本願寺出版
　社）については『法式規範』と表記し、該当ページは「（→規範、〇〇
　頁）」と表記した。

5．本文における「七祖聖教」の標記は、「浄土真宗本願寺派宗制」に従っ
　た。その他の聖教については以下のように表記した。
　　『仏説無量寿経』　→　『大経』
　　『仏説観無量寿経』　→　『観経』
　　『仏説阿弥陀経』　→　『小経』
　　『顕浄土真実教行証文類』　→　『教行信証』
　　「正信念仏偈」　→　「正信偈」

6．本文中の年齢は、歴史的な表記に従った。

　この教本は、下記の僧侶としての研修目標を達成するための一助として執筆編纂されています。

① 仏道（ぶつどう）及び親鸞聖人のご苦労に学び、宗法第22条の規定による「得度（とくど）誓約（せいやく）」とご親教（しんきょう）「念仏者の生き方」に照らし、自己の生き方を問う習慣が芽生えるものとする。

② 僧侶として必要な知識・技能（宗制の大意、仏事作法など）を修得（しゅうせい）できるものとする。

自己の生き方を問う習慣

　仏道とは、成仏（じょうぶつ）への道です。それは、すべてが苦しみであると、釈尊（しゃくそん）によって示された迷いの世界から仏（ぶつ）のさとりへと至る道です。

　親鸞聖人は、その道を「生死（しょうじ）いづべき道」とされ、比叡山で20年にわたり勉学・修行に励まれました。その後、他力念仏（たりきねんぶつ）に帰依（きえ）され、90歳で往生（おうじょう）されるまで伝道布教（でんどうふきょう）をなさいました。

　そのご苦労に学び、私たち一人ひとりが自己をみつめ、教えを学びつづける習慣を身につけるようにしましょう。

必要な知識・技能を習得する

　僧侶をめざす方々は、得度習礼所に入所するまでに十分な学びを深めておく必要があります。僧侶として必要な知識・技能を習得するために、この教本を活用してください。

※1　この教本は、必要に応じて記入できるよう左右に「memo」欄を用意しました。学習した内容を記入するなどして活用しましょう。

※2　この教本は、生涯学習に活用できるように作成されています。教師
　　教修出願資格取得の際にもご使用ください。

必 読 書

『ありのままに、ひたむきに　不安な今を生きる』
　　著　　者　　大谷光淳
　　発　　行　　（株）PHP研究所

『伝灯奉告法要ご親教「念仏者の生き方」に学ぶ』
　　編　　集　　浄土真宗本願寺派総合研究所
　　発　　行　　本願寺出版社

『「私たちのちかい」の味わい』
　　解　　説　　釈　徹宗
　　編集発行　　本願寺出版社

『「浄土真宗のみ教え」をいただく』
　　編　　集　　浄土真宗本願寺派総合研究所
　　発　　行　　本願寺出版社

『令和版　仏の教え』
　　著　　者　　大谷光淳
　　編集発行　　（株）幻冬舎

※なお「得度習礼に必要な書籍」については、この教本の巻末に記載して
　います。

僧侶について

　　浄土真宗の教義は、『浄土真宗の教章（私の歩む道）』（→〔6〕頁）で、

　　阿弥陀如来の本願力によって信心をめぐまれ、念仏を申す人生を歩み、この世の縁が尽きるとき浄土に生まれて仏となり、迷いの世に還って人々を教化する。

と示されます。浄土で仏にさせていただくことに門徒と僧侶の区別はまったくありません。そのことは、従来「全員聞法・全員伝道」といいあらわされてきました。

　　ただし、浄土真宗本願寺派の僧侶は、「浄土真宗本願寺派宗法」第2条に、

　　この宗門は、親鸞聖人を宗祖と仰ぎ、門主を中心として、宗制を遵守する個人並びに本山その他寺院及び団体を包括し、浄土真宗の教義をひろめ、法要儀式を行い、僧侶、寺族、門徒、信徒その他の者を教化育成し、自他共に心豊かに生きることのできる社会の実現に貢献することを目的とする。

と記される宗門の目的のもと、「宗法」第20条第2項に示される、

　　僧侶は、仏祖に奉仕して、自行化他に専念し、この宗門及び本山、所属の寺院又は職務に従事する寺院の護持発展に努めなければならない。

とされる人々のことです。そのために、「宗法」第22条では、

僧侶となろうとする者は、得度式に際し、次の各号に掲げる誓約を行わなければならない。
一　終身僧侶の本分を守り、勉学布教を怠らないこと。
二　和合を旨とし、宗門の秩序をみださないこと。
三　仏恩報謝の生活を送り、心豊かな社会の実現に貢献すること。

と心得なければならないことが定められています。
　なお、浄土真宗本願寺派では、僧侶となる儀式について宗法第21条に、

得度式とは、師弟同信の意をあらわし、宗門の僧侶としての誓約を結ぶ儀式である。

と規定されています。

度牒について

　僧侶であることを証明する文書のことをいう。
　度牒交付の制度は、中国北魏の時代に始まる。日本には8世紀に導入された。律令制度のもとで僧侶を管理し、朝廷の許可を得ない出家を禁止していた。この制度は、鎌倉時代まで続いた。
　現在の浄土真宗本願寺派では、得度式を受式した者に度牒が授与されている。

　浄土真宗本願寺派の僧侶には最低限必要な知識として「浄土真宗本願寺派宗制」（→〔2〕頁）を理解しておくことが求められます。

　この「宗制」前文には、

　本宗門の宗祖親鸞聖人は、『顕浄土真実教行証文類』を著し、龍樹、天親、曇鸞、道綽、善導、源信、源空の七高僧の釈義を承け、『仏説無量寿経』の本義を開顕して、本願名号の真実の教えを明らかにされた。これが浄土真宗の立教開宗である。

　本宗門は、その教えによって、本願名号を聞信し念仏する人々の同朋教団であり、あらゆる人々に阿弥陀如来の智慧と慈悲を伝え、もって自他共に心豊かに生きることのできる社会の実現に貢献するものである。

とかかげられ、その後、「本尊」・「聖教」・「教義」・「歴史」・「宗範」の順で、前文の内容がより詳細に記されます。

　これらのことをふまえると、僧侶には、あらゆる人々に阿弥陀如来の智慧と慈悲を伝えるための知識と、自他共に心豊かに生きることのできる社会の実現に関わる知識が必要になります。

　それには、現在宗門のおかれている社会についての情報収集とその分析、次いで、社会や個人への伝え方が必要となります。またそのためには、社会に受け入れられる教養と常識も必要でありましょう。

　また、法要儀式や伝道布教には多くの技能が必要となりま

本願寺所蔵「鏡御影」

す。僧侶は、しっかりと、それらについての技能を身につける
ことが大切です。

　ちなみに、浄土真宗本願寺派における門徒の定義をみておき
ます。「宗法」第27条に、

　　門徒とは、僧侶及び寺族以外の者で、第２条の目的を遵
　　奉し、本山に帰向し、第16条に規定する寺院又は第19条
　　に規定する開教区寺院に所属し、当該寺院備付の門徒名
　　簿に登録された者をいう。

とありますように、宗門の目的を遵守し、寺院に所属する者と
いうことになります。

　浄土真宗の僧侶が『仏説無量寿経』の教説によって教義を学ぶことは当然のことです。なぜならば、親鸞聖人が、仏教における真実の教えは浄土真宗であると、主著『教行信証』に「大無量寿経　真実の教　浄土真宗」（→註、134頁）と示され、多くの経典の中で真実が説かれているのは『仏説無量寿経』であり、この経典を説くことが釈尊の本意であったとあきらかにされたからです。

　しかし、『仏説無量寿経』を含めて、多くの経典に説かれる内容には、現代人の感覚では受け入れがたいものもあります。例えば、釈尊が母の右脇から誕生されたという逸話や、誕生直後の「天上天下唯我独尊」という宣言は、現実にはありえない神話のようなものであると考えられがちです。

　そもそも、仏教経典とは、仏としてのさとりを得させるために言葉をもって記しているものです。しかし、さとりそのものは、決して言葉で表現しきれるものではありません。そのために、仏教では、言葉は仮に設けられたものであり、人間の心に応じて用いられているとします。

　そこで、聖教・経典は、いつの時代にでも受け入れられるように論理的に説くこともあれば、時代や世相に応じて象徴的に表現することもあり、かつ比喩的に説くこともあります。

　先に触れた釈尊誕生の逸話などは、さとりのすばらしさを象徴的に表現した代表的な例であります。象徴とは、思想・概念などを、具体的な事物によって理解しやすく表現したものです。例をあげますと、教えの象徴としての「法輪（ダルマ・チャクラ）」があります。この「チャクラ」は、古代インドのチャクラム（輪宝）に由来します。チャクラムとは、刃先のあ

法　輪

る円盤形の武器で、回転させて投げつけるなどして敵を倒すものです。煩悩（ぼんのう）を敵とみなし、煩悩を破砕すること（転法輪（てんぼうりん））が象徴的に表現されているのです。（→14頁）

　また、比喩（譬喩）とは、相手の知らないことを伝えるときに、相手のよく知っている物事を借りて、それになぞらえて表現することです。これらの表現方法は、仏教に限ったことではありません。一般的な伝え方です。

　ところが、仏教では、これらの表現方法以外に、私たちにさとりを得させる手立てとして、心に響く様々な方法を用います。当然、これらには言葉による表現が入りますが、先に述べましたように言語表現というものは象徴的であったり、比喩的であったりしますので、必ずしも直接的に理解できるようなものばかりではありません。さらには、理解できなくとも、経典に説かれる方法によって初めて伝わるものもあれば、経典に説かれる世界観にひたり、精神的体験をしてさとりに導かれるということもあります。仏教では、これらさとりに導かれる手立

7

てのすべてを含めて「方便」（→48頁）といいます。浄土真宗では、この方便に「権仮方便」と「善巧方便」との二つがあるとします。（→註、補註15、1570頁）

　「権仮方便」とは、真実に導くために仮に設けられた手立てであり、真実のさとりへ導かれたならば不要となり、廃されるべきもの、例えば自力修行のことなどです。また「善巧方便」とは、巧みな方法をもって、人々を救うさとりの智慧そのもののはたらきであり、それによって必ず阿弥陀如来の浄土に往生してさとりへと導くことをいいます。

　『仏説無量寿経』に説かれることは、現実にはありえない神話のようなものとは違い、さとりに導き入れることを目的にしているのです。親鸞聖人のご指導を仰ぎ、浄土真宗の僧侶として正しく学びましょう。

　この教本は、経典を読む上で必要不可欠な釈尊のご生涯と、仏教の基礎知識を最初に記述し、次に親鸞聖人のお導きを基にして、「宗制」の項目順に、本尊、聖教、教義、歴史、宗範を解説し、最後に伝道、勤式作法についてまとめています。

釈尊の生涯

　釈尊の生涯を語る際、その誕生から亡くなるまでの重要な出来事を「八相」といいます。人間の生涯はその誕生、あるいは母親の胎内にいのちを授かったところから語られるのが一般的ですが、釈尊の伝記はそれよりも少し前から始まっています。八相には諸説ありますが、ここでは『仏説無量寿経』（→註、4頁）に説かれる記述をもとに釈尊の生涯を概観しておきましょう。

受　胎：兜率天から降りて母胎に宿る
出　生：ルンビニーで誕生する
処　宮：宮殿で世俗の生活をいとなむ
出　家：老病死の無常を感じて王宮を出る【29歳】
降　魔：さとりへの道を邪魔する悪魔を降参させる
成　道：ブッダガヤの菩提樹下でさとりをひらき「ブッダ」となる【35歳】
転法輪：サールナートで法を説き教化をする
入涅槃：クシナガラの沙羅樹下で生涯を終える【80歳】
　　　※年齢について（→註、1490頁）

　仏教の教えを説いた釈尊への敬いの心から、日本では、誕生日である4月8日を「灌仏会」、さとりを得た12月8日を「成道会」、生涯を終えた2月15日を「涅槃会」として、宗派を問わず、各地で行事が催されています。

　後にさとりをひらき「ブッダ」となる釈尊ですが、それまで度重なる輪廻（→20頁）を繰り返すなかで、我々の考えもおよばないほどの長い間、修行をつづけてきました。天界の一つで

ある兜率天に住していたとき、その修行がついに終わりをむかえ、釈迦族の王・浄飯王（シュッドーダナ）と妃・摩耶夫人（マーヤー）の子として最後の生を受けました。

釈尊は六つの牙をもつ白象に姿を変え、この世に降り、摩耶夫人の胎内に入ります。一方、摩耶夫人も、ある晩、白象が自分の右脇から入ってくる夢を見て、自身が懐妊したことを知るのでした。

出産に備えて実家へ向かう途中、摩耶夫人は休息をとるため、ルンビニーというところに立ち寄ります。摩耶夫人がアソーカの樹（アショーカ／無憂）の枝に右手をかけたとき、右脇から赤ん坊が生まれました。その後すぐに七歩すすみ、右手を挙げて、誕生の宣言をしたと伝えられています。

この釈尊の誕生を祝うのが「灌仏会（花まつり）」です。花まつりでは、お寺の境内に白象が飾られることがありますが、これは摩耶夫人の胎内に降りてきた釈尊の姿に由来します。また、右手を挙げた仏像（誕生仏）に甘茶を灌ぐのは、誕生の際、空から「甘露の雨」が降りそそいだという言い伝えに由来します。

王子として生まれた釈尊は、釈迦族の都であるカピラヴァストゥで育ちます。一族の王子として何不自由なく暮らしていましたが、若い頃から人生に対する悩みを抱き続けました。王子が城を出ることを恐れた王は、王子に結婚を勧めます。そして、王子はヤショーダラー姫と結婚し、ラーフラという子を授かりました。

　釈尊の出家の動機として「四門出遊」というできごとが説かれます。王宮の中で育った王子は、外の世界を見てみたいと思うようになりました。そこで、王は従者に万全の準備をさせて、街を見に行くことを許可します。

　王子は王宮にある四つの門のうちの東の門から街に出ます。そこで、白髪のやせこけた一人の老人を目にします。王子は馬車を引く従者に「あの者はどうしたのだ？」と問いかけます。それに対して従者は「老人です」と答えます。さらに「だれもがあんな姿になるのか？」とたずねると、「はい。だれでも老人になります。王子も例外ではありません」と答えます。それを聞いた王子は大きなショックをうけ、王宮に戻るように命じ、すぐに閉じこもってしまいました。

　しばらくして、また外に出たいという思いが起こった王子は南の門から街へと出て行きました。そこで「あの者はどうしたのだ？」と従者に問いかけます。そこには、路上に横たわり、息も絶えそうな病人がいました。すると従者は「病人です。だれでも病気になればあのような姿になります。王子も例外ではありません」と答えます。それを聞き、王子はやはりふさぎ込んでしまうのでした。

　次の外出では西の門から街へと出て行きました。そこで王子は葬列を目にします。「だれもがあんな姿になるのか？」とたずねると、従者は「はい。だれも死からは逃れられません。王子も例外ではありません」と答えます。沿道の人々も、自分の家族も、そして自分もいずれ死を迎えるということを王子は知るのでした。

　そして、北の門を出た王子は、粗末な布をまとった男にであ

います。王子が「あなたはだれか？」とたずねると、男は「私は沙門だ」と答えます。沙門とは出家した遊行者のことで、古代インドで絶対的であったヴェーダ聖典の権威を認めず、自身でさとりの境地を求めようとする思想家たちのことです。王子は、この沙門という生き方に惹かれ、自身の進むべき道を決めたのでした。これらの出来事を機に、王子という立場を捨て、妻子を残し、沙門としての人生を歩んでいくことになります。

　沙門となった王子は、ウルヴェーラーの苦行林に入り、5人の仲間とともに6年間の苦行を行います。自身を徹底的に痛めつけることで、さとりを得ようとしたのです。具体的には、断食行（食事を断つ）、止息行（呼吸の制御）であったといわれます。しかし、いくら苦行に励んでも、さとりの境地に至れないと判断した王子は苦行林を出て行きます。疲れ切った王子は河で沐浴し、村娘のスジャータから乳粥を施され、気力と体力をとりもどします。回復した王子は、ブッダガヤーにある樹の下で、瞑想に入るのでした。

　王子が瞑想に入ると、そこに悪魔があらわれ、さとりをひらこうとするのを妨害します。しかし、王子は悪魔を降参させ、ついにさとりをひらき「ブッダ」となったのでした。（→22頁）

　このブッダガヤーにあった樹は、釈尊がこの樹の下で、さとり（＝菩提）をひらいたことから、「菩提樹」と呼ばれます。

memo

　さとりをひらいた釈尊は、しばらくの間、瞑想に入り、喜びにひたるのでした。同時に、自らのさとった内容があまりにも深く、理解できる者はいないだろうと考え、教えることをためらいました。そんなとき、釈尊の前にインドの神である梵天が現れ、人々に教えを説くことを懇願します。はじめはその願いを拒否していた釈尊ですが、ついに説法を決意するのでした。そして、その初めての説法の相手となったのが、かつて苦行をともにした5人の仲間でした。

　サールナート（鹿野苑）へ移動した釈尊は、かつての仲間と再会します。はじめは釈尊を無視しようとした5人でしたが、その清らかな姿を目にして、釈尊の説法に聞き入り、弟子となったのです。この時初めて仏・法・僧の三宝がそろいました。（→24頁）

　この初めての説法は、釈尊の説いた教え（法）を回転する輪宝（チャクラム）にたとえ、「転法輪」あるいは「初転法輪」と呼ばれます。釈尊の生涯を描く図像などに、人物としての釈尊ではなく、しばしば車輪のようなものが描かれるのはこのためです。（→6頁）

　その後45年の間、釈尊は北インドの各地をめぐり、数多くの教えを残しました。その数の多さから、仏教の教えは八万四千の法門ともいわれます。

　これほどまでに多くの教えが残っている理由の一つは、釈尊の説法形式にあります。釈尊は基本的に自分から率先して話し始めることはありません。例えば、「浄土三部経」のうち『仏説無量寿経』は弟子の阿難（アーナンダ）の質問に始まり、『仏説観無量寿経』ではマガダ国の王妃・韋提希（ヴァイデー

ヒー）の要請をうけ、それに応えるかたちで話が進みます。その他にも一人ひとりに応じた話をします。

　このような説法形式を「対機説法」（機に対して法を説く）といいます。「機」とは教えを説く対象のことです。また、その説きぶりは「応病与薬」（病に応じて薬を与える）ともいわれます。ですから、多くの経典が、周囲の質問に釈尊が答える質疑応答の形式で進んでいきます。

　釈尊は80歳という高齢になっても、教化の旅を続けていましたが、クシナガラの地で体調を崩されました。そして、最期の説法をした釈尊は、弟子達に囲まれ、２本のサーラの木（沙羅双樹）の下でこの世での命を終えました。このことを入滅や入涅槃ともいいます。

　釈尊の遺体は、その後火葬されます。その遺骨は「舎利」と呼ばれ、周辺の国の王たちが自国へ持ち帰り、それぞれに供養を行いました。舎利は、土や煉瓦で作られたお椀型の墳墓に安置されました。この墳墓は「ストゥーパ」（仏塔）と呼ばれ、現在でも仏教遺跡として多くの人々が訪れています。

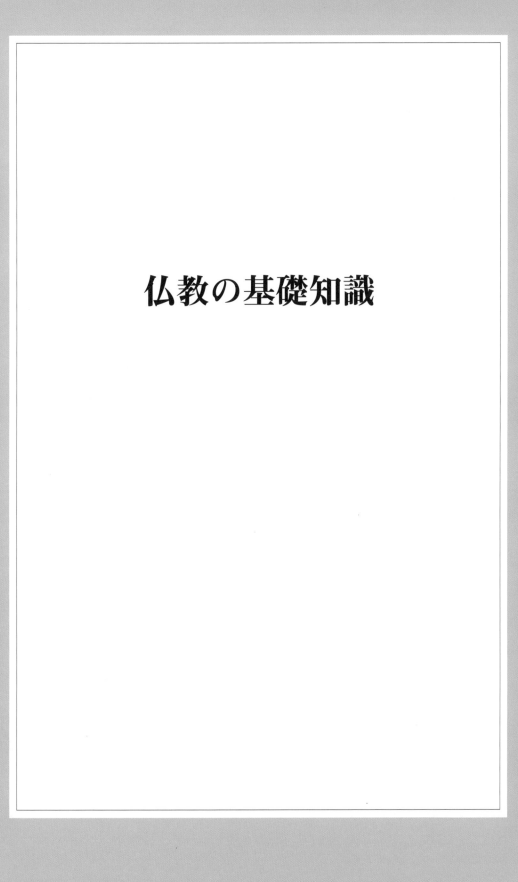

仏教の基礎知識

　釈尊の説法の多くは、釈尊の生まれ育ったカピラヴァストゥの隣国であるコーサラ国と、ガンジス川下流域に位置したマガダ国という2つの大国でなされました。

　マガダ国は、その首都をラージャグリハといい、漢訳では「王舎城（おうしゃじょう）」と記されます。「城」とは単に王の住居のみを指すのではなく、そこを中心とする城郭（じょうかく）一帯のことをいいます。マガダ国王の頻婆娑羅（びんばしゃら）（ビンビサーラ）は熱心な信者であり、仏教を厚く庇護（ひご）しました。「浄土三部経」のうち、『仏説無量寿経』は王舎城の耆闍崛山（ぎしゃくっせん）（霊鷲山（りょうじゅせん））という小高い丘の上が説法の舞台であり、『仏説観無量寿経』は、王子・阿闍世（あじゃせ）（アジャータシャトル）によって投獄された王妃・韋提希（いだいけ）とのやりとりを伝えるものです。

　一方、コーサラ国の首都はシュラーヴァスティーといい、漢訳では「舎衛城（しゃえじょう）」と表記されます。『仏説阿弥陀経』は舎衛城の「祇樹給孤独園（ぎじゅきっこどくおん）」、別名「祇園精舎（ぎおんしょうじゃ）」で説かれたものです。平家物語の冒頭「祇園精舎の鐘の声、諸行無常（しょぎょうむじょう）の響きあり」で有名なこの祇園精舎の名前の由来については、次のような物語が伝わっています。

　コーサラ国の須達長者（しゅだつちょうじゃ）（スダッタ）は、貧しく孤独で生きる人々に食べ物を給したので「給孤独（きっこどく）」と呼ばれました。あるとき、その須達長者は他国で釈尊の教えを聞き、是非ともコーサラ国でも釈尊を受け入れたいと思い、僧侶の生活に適した場所をさがし、所有者の祇陀太子（ぎだたいし）（ジェーダ）に園林（おんりん）を譲ってほしいと願いでます。それをうけた祇陀太子は「欲しい分の敷地に金貨を敷きつめよ」と命じました。いくらお金持ちといえども、かなりの費用がかかりますし、ましてや精舎を建てるほど

の敷地に金貨を敷きつめるなどできるはずもない、そう思って
祇陀太子が園林を見に行くと、なんと一面に金貨が敷きつめら
れているのです。須達長者の思いを知った祇陀太子は、自身の
もつ園林を寄進し、そこに精舎が建てられました。この物語か
ら、祇陀太子の園林ということで「祇樹」を、そして、寄進を
申し出た須達長者の呼び名「給孤独」をとって、祇樹給孤独園
と呼ばれるようになりました。その後、この地で多くの説法が
行われることになるのです。

　さて、釈尊の滅後、その教えが失われたり、間違いが伝わっ
たりすることがないように、教えを確認しあうための「結集」
と呼ばれる集会がひらかれました。

　釈尊が亡くなったあとすぐに、残された仏教教団の中心と
なった摩訶迦葉（マハーカッサパ）が500人の弟子たちを集め、
最初の経典編集会議である「第一結集」をひらきました。そ
こでは釈尊の晩年、そのそばに仕えた阿難を中心に、仏教の教
えがまとめられました。阿難はだれよりも多く教えを聞いたと
いうことで「多聞第一」と呼ばれます。また、教団の規則とし
ての律も定められました。ここで中心になったのが「持律第
一」と呼ばれた優波離
（ウパーリ）でした。

　その後、幾度かの結集
が行われ、紀元前1世紀
頃から文字として残され
ることになりました。

　経典に説かれている仏教の用語についてみてみたいと思います。経典では「さとり」について様々な言葉を用いています。

　漢文の経典では「さとり」という語には「覚」や「悟」などの漢字があてられます。ですから、さとりとは「宗教的目覚め」「気づき」というように説明されることがあります。また、「証」という漢字もあてられます。これもさとりを意味しています。たとえば親鸞聖人の主著『教行信証』の「証」も浄土のさとりを表しています。

　さとりをひらいた者を仏陀と呼びますから、「成仏」や「仏になる」ということもあります。漢文で書かれた経典には「正覚」という語が頻繁にでてきますが、これも「覚」という字からわかるように、目覚める、つまり、さとりと同じ意味です。その他、大乗仏教の経典には「菩提」「阿耨多羅三藐三菩提」という語が度々あらわれますが、これも同様のものと考えておいてください。

　また、仏教では私たちは地獄・餓鬼・畜生・修羅・人・天という六つの世界（六道）をぐるぐると回っている（輪廻）と考えます。天の世界というと聞こえはよいですが、いずれも迷いの世界であり、そこに生まれることを良しとはしません。ですから、この六道の世界を抜け出すことが求められます。これを「解脱」といいます。迷いの世界を抜け出すのですから、解脱もさとりと似た意味で用いられます。

　「涅槃」という言葉もあります。もとは古代インド語ニルヴァーナの発音に漢字の音をあてて訳したもので、欲望の火が吹き消されている状態を意味します。さらに、「滅度」や「入滅」といった言葉も、生死の苦を滅してさとりの世界へわた

る、入っていく、ということで多く用いられます。これらは、さとりと同じ意味で用いられますし、釈尊が亡くなったことを表現する際に「涅槃に入る」「滅度に入る」「入滅する」と使うこともあります。

　このように様々な言葉が出てきますが、「さとりとは何か」ということは、仏道を歩む者にとってつねに考えなければならない問題です。浄土真宗の教えを学びながらさとりとは何かを考えてみましょう。

　釈尊は紀元前5世紀頃、インドの釈迦族の王子ゴータマ・シッダッタとして誕生します。姓のゴータマには「瞿曇」、名のシッダッタには「悉達多」の漢字があてられます。仏教では、さとりをひらいた者を「ブッダ」と呼びますが、これが歴史上のブッダ・釈尊の誕生です。

　このブッダには、「仏陀」「仏」「釈迦牟尼」「釈尊」「如来」「世尊」など、様々な呼び方があります。

　ブッダとは、古代インドの言葉で「目覚めた者」という意味です。このブッダという言葉に音で漢字をあてたのが「仏陀」「仏」です。意味で漢字をあてると「覚者」となります。ここで重要な点は、ブッダという言葉は、歴史上の人物であるシッダッタのみを指すものではなく、さとりをひらいた者は、どなたであれブッダと呼ばれるということです。

　次に「釈迦牟尼」「釈尊」についてですが、「釈迦牟尼」はシャーキャ・ムニという言葉に漢字をあてたものです。シャーキャとは釈迦族のことで、ムニとは聖者という意味です。同様に、「釈尊」も釈迦族の尊き者といった意味となります。日本では、「お釈迦さま」という呼び方もされますが、これは部族名である釈迦族に由来しています。これらの言葉は、歴史上のブッダであるシッダッタ個人を指す呼称となります。

　また、「如来」は、タターガタという言葉に由来します。「如」は「ありのままの真実」を意味し、「真理」や「真実」といった意味でとらえてもらえばよいでしょう。ですから、如来とは真理からやってきた者を意味しています。「世尊」というのは、世にも尊き方という意味ですが、当時のインドで先生を呼ぶときに使われていた言葉で、仏典でも「世尊よ」のよう

に、呼びかけによく使われる言葉です。

　以上のように、「釈迦牟尼」「釈尊」は固有名詞で、歴史上に登場したシッダッタだけの呼称です。一方、「仏陀」「仏」「如来」また「世尊」は普通名詞で、歴史上のブッダとは別に、多くの仏がたに対しても用いられる呼称です。

浄土真宗の法名「釈○○」

　浄土真宗では、得度式あるいは帰敬式を受けると「釈○○」という名前をご門主からいただきます。これを「法名」といいます。この「釈○○」というかたちは、釈尊の弟子、つまり仏教徒となったことを意味します。

　「釈○○」というかたちは、4世紀の中国で活躍した、釈道安という僧侶にはじまります。それまでは、師の姓や、出身地に由来する一字が多く用いられていました。しかし、道安は仏道を歩む者はすべて偉大な師である釈尊の弟子ということで、釈の一字をとり、「釈道安」と名告りました。

　得度式・帰敬式でいただく法名も、「釈○○」と釈尊の弟子という意味で、「釈」のあとに漢字二文字をつけたものです。

三　宝

memo

　仏教徒であれば、宗派を問わず、また国や地域を問わず、「三帰依文（さんきえもん）」を唱えることでしょう。

南無帰依仏（なもきえぶつ）（Buddhaṃ saraṇaṃ gacchāmi）（ブッダン　サラナン　ガッチャーミ）
南無帰依法（なもきえほう）（Dhammaṃ saraṇaṃ gacchāmi）（ダンマン　サラナン　ガッチャーミ）
南無帰依僧（なもきえそう）（Saṅghaṃ saraṇaṃ gacchāmi）（サンガン　サラナン　ガッチャーミ）

　「南無」とは、ナマスというインドの言葉に漢字をあてたものです。「帰命（きみょう）」あるいは「帰依」と訳され、心から信じ敬うという意味です。

　上の三文に共通する「サラナン　ガッチャーミ」ですが、サラナンは「依りどころ」、ガッチャーミは「行く」という意味で、両方で「依りどころといたします」「帰依します」ということになります。

　さて、仏教には「仏」「法」「僧」という三つの宝「三宝（さんぼう）」があります。この三宝を依りどころとし、帰依するという意味の「三帰依」は仏教徒であることの宣言といえるでしょう。

　一つ目の「仏」とは、「さとり」の項で述べたように（→20頁）、本来は「目覚めた者」という意味で、釈尊のことを指していました。ただ、歴史上の釈尊だけでなく、阿弥陀如来など、釈尊以外の仏を指すようにもなります。

　二つ目の「法」とは、ここでは「仏が説いた教え」のことで、教えの指し示す真理と考えてください。釈尊が説かれた教えは、釈尊の入滅後しばらくは口頭で伝えられていましたが、弟子たちによってまとめられ、経典として後世に伝えられることになりました。それが文字化されるようになったのは、紀元

前1世紀頃からといわれます。（→18頁）

　三つ目の「僧」ですが、これは僧侶一人ひとりを指す言葉ではありません。原語は「サンガ」（僧伽）といい、「和合衆」などと訳されます。仏の教えを聞き、それにしたがって実践する人々の集団のことです。男女の出家者をそれぞれ比丘・比丘尼といいます。

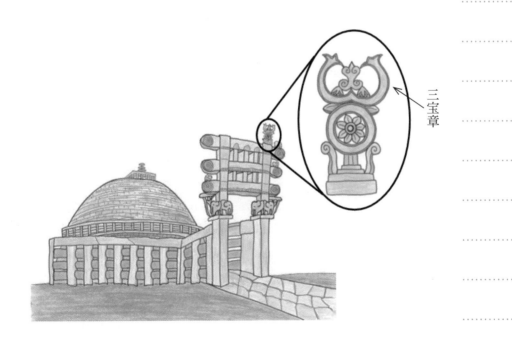

三宝章

縁起

　迷いの世界での生まれ変わりを繰り返す生死輪廻からの解脱、それがさとりをひらくという仏教の目的です。

　さとりの内容を縁起といいます。縁起については、専如ご門主が、ご親教『念仏者の生き方』において、

　　「縁起」とは、その一瞬ごとにすべての物事は、原因や条件が互いに関わりあって存在しているという真実です

とお示しくださいました。

　釈尊出家の動機は、生まれることに縁ってもたらされる老病死の苦の自覚であったとされます。（→12頁）それゆえ、仏教では、私たちの根源的苦しみを生・老・病・死の四苦とし、生死を繰り返す輪廻からの解脱を目的とするのです。そこで釈尊は、「なぜ人は輪廻を繰り返すのか」、「なぜ迷いの世界に生まれてくるのか」を明らかにされ、その道理をお説きになりました。そのことが縁起で示されました。

　『雑阿含経』巻第十二に次の言葉があります。

　　どのようなことに縁って生れるのであろうか

　この問いに対し、私という存在を愛し、私に執着するから永遠に生死輪廻が続くのであるとされます。そして、

　　生れることに縁って、老・病・死という悩み苦しみがある

と説き、

　　その愛着をなくせば、生れることもなくなり、老病死の
　　苦しみもなくなる

といわれます。

因縁果

　一般では、物事に対して、通常は因から果へと説明をし、その「因果関係」とか、その「因縁」という言葉の使い方をします。

　しかし、すべてのことは何かに縁って起きていますので、起きている結果からその因を明らかにするほうが正確であるといえましょう。つまり、「因縁生起」（略して「縁起」）による見方です。

　そのような見方をしますと、すべての物事（果）はただ一つの因から起きているとはいえません。多くのさまざまな要因が合わさって存在しているのです。そのうちの直接的な要因（原因）を特に「因」と呼び、それ以外の要因（条件）を「縁」といいます。

　すべての物事が、多くの要因によって存在しているということは、何一つ不変不滅のものはないということです。また、そのもの自体で他に影響されることなく存在しているものもないということです。このことを無我といいます。（→28頁）

十八界

すべてが無我であるのに、私たちにはどうしてそのような物事の見方ができないのでしょうか。このことを明らかにするために、六根・六識・六境、合わせて十八界という心のはたらきについて仏教は説きます。

心のはたらきですから、この十八のうち六識が基本となります。六識とは、眼から入る刺激、耳から入る刺激、鼻から入る刺激、舌から入る刺激、皮膚から入る刺激、そして、意に入る刺激の六種から受ける心のはたらきです。

六根とは、六識というこころをおこさせる刺激の入る拠り処であり、それぞれ「眼根」「耳根」「鼻根」「舌根」「身根」「意根」といい、六入とか六処ともいいます。

また、刺激は六根の環境から受けますので、それぞれの対象を、「色境」「声境」「香境」「味境」「触境」「法境」とし、合わせて六境、さらに、六根と合わせて十二処ともいいます。

また、この十二処に縁って起きている認識作用の六識を、それぞれ「眼識」「耳識」「鼻識」「舌識」「身識」「意識」といいます。

それら心のはたらきのもとが、真理に暗い自分の欲望ですので、すべてが因縁によって存在しているにもかかわらず、自己の都合で物事を認識判断し、何もかもに実体があるように感じて無我とみることができないのです。

十二縁起

真理に暗い愚かさ、すなわち「無明」が基にあることに縁っ

て生死輪廻が起きる私たちの存在を説明した教えが、十二縁起（じゅうに えんぎ）や十二因縁（じゅうに いんねん）と呼ばれます。

　それは、無明から「縁って起こる」ものを順次に明かせば、「順観（じゅんかん）」という見方になりますが、老死の果から因を順次に明かせば「逆観（ぎゃっかん）」という見方になります。

　縁起は、『中阿含経（ちゅうあ ごんぎょう）』巻第四十七でも、

　　此れなくば彼（かれ）なく、此（こ）れ生（しょう）ずれば彼生（かれしょう）ず。此（こ）れ滅（めっ）すれば彼滅（かれめっ）す

と本来的解釈が示され、十二因縁をもとに無明を滅すればさとりをひらくと説かれます。ここでは、一般的な十二因縁を記しておきます。

　なお、縁起とは、十二因縁のような時間的なことがらのみならず、空間的にも、また精神的にも、世界のあらゆることがらについての真理なのです。

無明（真理に暗いこと）⇄ 行（潜在的なはたらき）⇄ 識（識別作用）⇄ 名色（心身）⇄ 六処（眼耳鼻舌身意の器官）⇄ 触（器官と対象の接触）⇄ 受（感受作用）⇄ 愛（根本の欲望）⇄ 取（執着）⇄ 有（生存）⇄ 生（生まれること）⇄ 老死

「食事のことば」（→123頁）にある「多くのいのちと、みなさまのおかげにより、このごちそうをめぐまれました」の「おかげ」は、縁起の道理に基づく言葉です。つまり、目の前の食べ物は、時間的、空間的、精神的に世界全体が関わりあって存在しているということをあらわす言葉なのです。

もしも、私たちが自己中心性による執着心を離れて、あらゆるものを縁起であると正しく見ることができれば、さとりがひらけるのです。そのために四諦八正道（したいはっしょうどう）という教えが説かれました。

「諦」とは、「あきらめ」と読めるように、「明（あ）らめ」が本来の意味ですので、「明らかにしたこと」、真理のことです。つまり四諦とは、苦（く）・集（じゅう）・滅（めつ）・道（どう）という四種の真理のことです。四聖諦（しょうたい）ともいいます。

「苦諦（くたい）」

　　私たちにとって、
　　　生まれる苦しみ「生苦（しょうく）」
　　　老いる苦しみ「老苦（ろうく）」
　　　病気になる苦しみ「病苦（びょうく）」
　　　死ぬ苦しみ「死苦（しく）」
　　は共通の苦しみです。この四苦に、
　　　愛着するものと離れる苦しみ「愛別離苦（あいべつりく）」
　　　憎み嫌うものと離れられない苦しみ「怨憎会苦（おんぞうえく）」
　　　求めるものが得られない苦しみ「求不得苦（ぐふとくく）」
　　　生存に執着する苦しみ「五蘊盛苦（ごうんじょうく）」
　　の四種の苦を加えて八苦（はっく）としますが、この真理を「苦諦（くたい）」

といいます。

「集諦」

なぜ私たちが苦しむのかといえば、十二縁起に示される根本の欲望（渇愛）と道理に暗い無明によって、貪欲・瞋恚・愚痴の三毒に代表される煩悩を起こすからです。まさに煩悩こそが苦を集める原因です。それでこの真理を「集諦」といいます。

「滅諦」

したがって、これら煩悩を滅ぼせば苦しみが起こらないという真理を「滅諦」といいます。

「道諦」

そこで、煩悩を滅ぼす方法が示されます。これに八種あげられていますので八正道といいます。この道でさとりに至るという真理です。これを「道諦」といいます。

四諦をまとめますと次の二つの対応で考えられます。
①苦諦と集諦との関係性は、苦の原因が煩悩であるという「迷いの因果」をあらわす。
②滅諦と道諦との関係性は、八正道によって煩悩が滅するという「さとりの因果」をあらわす。

八正道
<small>はっしょうどう</small>

八正道<small>はっしょうどう</small>の最初に「正見<small>しょうけん</small>」が挙げられます。この「見」とは、智慧を得て縁起を見ることです。それはつまり、さとりをひらくことです。よって、八正道は正見におさまります。正<small>しょう</small>とされるのは智慧に基づくからです。八正道を具体的に説明しましょう。

「正見」<small>しょうけん</small>　智慧をもって縁起を見ること。

「正思惟」<small>しょうしゆい</small>　智慧によって物事を正しく思考し判断すること。具体的にはものに執着<small>しゅうじゃく</small>しないこと。

「正語」<small>しょうご</small>　妄語<small>もうご</small>（いつわり）、綺語<small>きご</small>（おせじ）、両舌<small>りょうぜつ</small>（敵対させる言葉）、悪口<small>あっく</small>（わるぐち）などを用いず、真実をもって語ること。

「正業」<small>しょうごう</small>　殺生<small>せっしょう</small>、偸盗<small>ちゅうとう</small>（盗み）、不淫<small>ふいん</small>（性的行為）などを決して行わず、心から清らかな行動をすること。

「正命」<small>しょうみょう</small>　教えを守り、智慧によって規則正しい生活をすること。

「正精進」<small>しょうしょうじん</small>　すべての正道において、たゆまず努め励むこと。

「正念」<small>しょうねん</small>　智慧によって、心身に注意を向けて、肉体は不浄であり、心は無常であり、存在のすべては無我であると観じて、縁起の念<small>ねん</small>をたもつこと。

「正定」<small>しょうじょう</small>　正念の状態をさらに進めて、完全な精神統一を行うこと。

三法印
さんぼういん

　正見によって「縁起を見るものは法を見る」とも説かれますが、この場合の法とは、仏法のことです。その仏法の旗印として以下のものが掲げられます。

「諸行無常」
しょぎょうむじょう

　　すべての現象（行）は変化して、とどまるものは何一つないということを正しく見れば「苦」から離れるということです。

「諸法無我」
しょほうむが

　　あらゆるものを含む、私たちが考えることのできる存在（法）には、実体はないということを正しく見れば「苦」から離れるということです。

「一切皆苦」
いっさいかいく

　　私たちが経験するすべてのことは「苦」であると正しく見れば「苦」から離れるということです。

「涅槃寂静」
ねはんじゃくじょう

　　涅槃は煩悩の炎の消えた状態ですから、静かな安らかな境地ということです。

　インドから中国に仏教が伝わる中で、これらが「三法印」「四法印」としてまとめられました。現在では、「諸行無常」「諸法無我」「涅槃寂静」を三法印と呼び、これに「一切皆苦」を加えて四法印とするのが一般的です。
しほういん

五　蘊

　あらゆる存在に実体がなく、無我とするならば、私という意識を持つものはどのように説明されるのでしょうか。

　仏教では、「五蘊仮和合」の我とします。

　五蘊は、五陰ともいいますが、存在を構成する五種の要素のことです。それぞれを示しましょう。

「色」　　物質のことです。人でいえば肉体です。

「受」　　感受作用のことです。心に様々な感覚を抱くことです。

「想」　　表象作用のことです。心にイメージを持つことです。

「行」　　意思のことです。

「識」　　識別作用のことです。自他を識別することによって我という意識が生じます。

　あらゆる存在は五蘊が仮に和合しているから実体がないのです。ですから当然、自分という存在も仮和合ですので、無我であり、「五蘊仮和合」の我ということになります。

三　学

　仏教の目的は、智慧を得ることです。それはさとりをひらくことです。そのために、戒学、定学、慧学という「三学」が説かれてきました。

「戒学」　　八正道の正語・正業・正命に相当し、悪を止め、

善を行って正定ができる状況を整えることです。具体的には戒律を守るということになります。

「定学」　八正道の正念・正定に相当し、心の安定、精神統一をもって智慧を得ようとすることです。具体的には座禅などを行うことが挙げられます。

「慧学」　八正道の正見・正思惟に相当し、智慧によって縁起の道理を体得することです。これによって真理をさとり仏道が完成されます。

自利利他

　智慧を得て縁起の道理が明らかになると、あらゆるもの、あらゆることが関係しあい、一つとして独自に存在するものはないということに目覚めます。これを「一如」といいます。それによって他の苦しみが自己の苦しみであり、他の幸せが自己の幸せであると気づき、他人の幸せを願うようになります。これが慈悲の心です。この慈悲の心のはたらきが他を利するので「利他」といいます。それに対して、智慧を得ることは自を利するので「自利」といい、自利と利他は切り離すことのできないものです。

大　乗

　経と律が編纂（→18頁）されて100年が経過したころ、それら教えの解釈をめぐって対立が起り、進歩的な大衆部と保守的な上座部とに教団が分裂しました。これを根本分裂といいます。

　その後、数百年の間に約20派にさらに分裂し、各部派でそれぞれの解釈をまとめた論ができました。ここに、経・律・論の三蔵（経蔵・律蔵・論蔵）が揃いました。

　しかし、これら部派の解釈では、仏は釈尊のみで仏弟子は阿羅漢という位にしかなれないとするものでした。

　これに対し、紀元前後頃には「自己のさとりのみをめざす自利にすぎない」、「仏の説法を聞くのみの声聞乗という小さな乗り物にすぎない」という批判が起りました。仏になることをめざすために利他を目的とする人々が現れ、自らを大きな乗り物、すなわち「大乗」の教えであるとしました。

　この大乗仏教の教えにおける代表的な方が、150〜250年頃に誕生された浄土真宗七高僧第一祖の龍樹菩薩です。（→50頁）

菩　薩

　菩薩という言葉は、さとり（菩提）を求める者（薩埵）という意味です。つまり、阿羅漢という自利のみのさとりをめざすのではなく、自利と利他ともに具わった仏のさとりをめざす人という意味です。（→35頁）偉大な士ですから大士ともいわれます。

　この菩薩という言葉は仏をめざす人ということから、部派仏教の時代には、仏になる前の釈尊のみを指す言葉でした。しかし、大乗仏教ではすべての人々が仏をめざすので、仏をめざす人を菩薩と呼ぶことになったのです。

　ところが、仏になるにはすべての人々を救う利他を行うことが目的とされます。しかし、それは完全には仏にしかできないことであります。そのために、菩薩とは必ず仏になる方のことであると考えられるようになりました。その代表が、弥勒菩薩です。

　また、仏が慈悲の心より人々を救うために菩薩の身となっていると考えられました。その代表が観音菩薩や普賢菩薩です。

　さらに、仏が智慧そのものであることを人々に示すために菩薩の身を現したともいえます。その代表が勢至菩薩や文殊菩薩です。

　このようにさまざまな菩薩としての仏の現れ方があります。これらのことによって、『仏説無量寿経』に説かれる法蔵菩薩は、久遠の仏が私たちを救うために現れ、願いをもって修行され阿弥陀如来となられた身であることを知らされるのです。

菩薩像

六波羅蜜

　大乗仏教における菩薩の修行に、利他を目的とした六波羅蜜があります。波羅蜜とは「パーラミター」という言葉に漢字の音をあてたものですので、意訳すれば、彼岸（さとりの世界・涅槃）に到達するという意味です。到彼岸、度彼岸、度などと訳されますので、六波羅蜜は六度ともいわれます。この行の完遂によって仏となるのです。六波羅蜜とは、次のものです。

「布施」（ダーナ・檀那）

　　他の人々を救うために、自己のすべてを与えることをいとわず施しをすること。

「持戒」

　　他の人々を救うために、自己を厳しく律して殺生など決して行わない戒めを守ること。

「忍辱」

　　他の人々を救うために、どのような厳しい道であろうとも忍んでいくこと。

「精進」

　　他の人々を救うために、他の五波羅蜜を休まず継続していくこと。

「禅定」

　　他の人々を救うために、心の安定をはかり、正しい思惟と観察をもっていくこと。

「智慧」

　　他の人々を救うために、縁起の道理を体得すること。

浄　土

　六波羅蜜によって到達する彼岸とは、迷いの世界である此岸に対するものです。煩悩のない清らかな世界であることから浄土ともいいます。詳しく言えば、清浄国土です。また、智慧を得た世界ですから、諸智土ともいわれ、煩悩の暗闇が破られた世界ですので光明土ともいわれます。

　大乗仏教で浄土が説かれるのは、すべての人々が仏になることを願いとするものです。つまり、人々が浄土で智慧を得ることを目的とします。

　阿弥陀如来はそのことを願いとしてすべての人々が煩悩具足の身でありながら、必ず仏になることができる浄土を建てられました。この教えを親鸞聖人は浄土真宗と仰がれ、「浄土真宗は大乗のなかの至極なり」（→註、737頁）と讃えられます。

二河白道図

本尊・聖教

本　尊

「宗制」の第1章には、「本尊」として「本宗門の本尊は、阿弥陀如来（南無阿弥陀仏）一仏である」と規定されています。

本尊とは、一般的に建物それぞれの中央に安置する仏・菩薩・明王などをいいますが、浄土真宗では阿弥陀如来のみを本尊といいます。なぜなら、阿弥陀如来が私たちをお救いくださる根本の仏だからです。

親鸞聖人は、阿弥陀如来を色もなく形もない智慧のはたらきであるとし、『唯信鈔文意』に、

> 微塵世界に無礙の智慧光を放たしめたまふゆゑに尽十方無礙光仏と申すひかりにて、かたちもましまさず、いろもましまさず、無明の闇をはらひ悪業にさへられず、このゆゑに無礙光と申すなり。無礙はさはりなしと申す。しかれば、阿弥陀仏は光明なり、光明は智慧のかたちなりとしるべし
>
> （→註、710頁）

と示されます。

色もなく形もない阿弥陀如来は、「方便法身」という様々な形をとって、私たちの前にあらわれてくださいます。

宗門の本尊

宗門では、ご本尊として「方便法身尊形」と裏書された絵像、もしくは「方便法身尊号」と裏書された名号を本願寺より授与されます。

聖　教

「宗制」の第2章「聖 教」には、「本宗門の正依の聖教は、次のとおりとする」とあり、「一 浄土三部経」、「二 七高僧の撰述」、「三 宗祖の撰述」が示され、最後に、

上記のほか、宗祖の教えを伝承し、その意義を明らかにされた第3代宗主覚如の撰述及び第8代宗主蓮如の『御文章』等、並びに宗祖や第8代宗主蓮如が信心の鑑として敬重された典籍は聖教に準ずる

と規定されています。これは、本尊阿弥陀如来が私たちを迷いの世界からさとりの浄土へとお救いくださることの依りどころとなる経典と、そのことを宗祖親鸞聖人が七高僧のお書物とお導きによって明らかにされたことによります。

　さらに、本願寺第3代宗主覚如上人と第8代宗主蓮如上人が宗祖のお心をより深く明かされたことによって、聖教に準ずるとされています。

聖教を学ぶ際に

　聖教を学ぶために、宗派より出版されている書籍を活用しましょう。（→138頁）
『浄土真宗聖典全書』全6巻
『浄土真宗聖典―註釈版第二版―』
『浄土真宗聖典　七祖篇―註釈版―』

「浄土三部経」

親鸞聖人が明らかにした浄土真宗とは、一言でいえば「阿弥陀如来の教え」です。数ある経典の中でも、阿弥陀如来およびその浄土を主題として、明瞭に説かれたのが、「浄土三部経」です。「浄土三部経」とは、以下の三つの経典をいいます。

	仏説無量寿経	二巻（大経）
「浄土三部経」	仏説観無量寿経	一巻（観経）
	仏説阿弥陀経	一巻（小経）

これら三部の経典を、親鸞聖人は正依の経典（まさしき依りどころ）とされました。

仏説無量寿経

「浄土三部経」のなかでも、『大経』は、阿弥陀如来の本願のいわれが説かれ、浄土真宗の根本所依の経典といわれます。

『大経』は、「出世本懐の経」ともよばれます。経典が説かれる事情を述べた序分によれば、その日の釈尊は、格別に尊い姿であったとのことです。その姿を、弟子の阿難が褒めたたえ、理由を尋ねます。すると、釈尊は、次のように応えられました。

世に出興するゆゑは、道教を光闡して、群萌を拯ひ恵むに真実の利をもつてせんと欲してなり　　　（→註、9頁）

　すなわち、私がこの世に出たのは迷いの世界の生きとし生けるものをあわれに思い、苦しむ人々に真実の利益を恵みたいからである、と述べられます。この点から『大経』は、「釈尊がこの世に出られた」（出世）「本当の目的」（本懐）が説かれた経典という意味で、「出世本懐の経」といわれるのです。また、ここでいう「真実の利」とは、阿弥陀如来の本願による救いを指しています。つまり、釈尊自身が阿弥陀如来の本願を説くために、この世に出られたことを述べられているのです。このことを親鸞聖人は「正信偈」に、

　　如来所以興出世　唯説弥陀本願海
　　（如来、世に興出したまふゆゑは、ただ弥陀の本願海を説かんとなり）　　　　　　　　　　　（→註、203頁）

と讃えられています。

　このように、『大経』は、阿弥陀如来の本願のいわれを中心として説かれています。後に詳しく述べますが、阿弥陀如来は、生きとし生けるものをもらさず救うという願いを発し、それを成就して仏になられたのです。（→62頁）すなわち『大経』には、阿弥陀如来による私たちの救済が説かれているのです。また、それが浄土真宗という教えであり、『教行信証』「教巻」には、

　　大無量寿経　真実の教　浄土真宗　　　　（→註、134頁）

と、親鸞聖人は明示されています。

仏説観無量寿経

　この経典では、私たち凡夫の浄土往生は、阿弥陀如来の本願に誓われた念仏による他に道のないことが明かされています。

　まず序分に説かれるのは、「王舎城の悲劇」といわれる事件です。釈尊在世当時、マガダ国の首都・王舎城にて、王子の阿闍世は、悪友の提婆達多にそそのかされ、王である父の頻婆娑羅を、牢に幽閉します。さらに、王に食物を運んだ王妃である母の韋提希までも宮殿の奥深くに閉じ込めてしまいました。わが子によって囚われの身となった韋提希は、悲しみに打ちひしがれながらも、耆闍崛山（霊鷲山）にいた釈尊に救いを求めて、仏弟子を遣わしてもらうよう懇願します。すると、釈尊自身が目の前に出現されました。そこで韋提希は、憂い悩みを抱えた胸の内を打ち明けたのです。

　韋提希の苦しみ悩むことのない世界に生まれたいという求めに応じて、釈尊は十方諸仏の国々を照らし出します。韋提希は、その中から阿弥陀如来の浄土に往生したいと願いました。そこで、まず浄土と仏・菩薩がたを思い浮かべる、十三段階の観法が説かれました。それを定善といいます。続いて、この定善を修めることができない浄土往生を願う衆生（すべての命あるもの）を九種（九品）に分け、それぞれの修めるべき善行が説かれます。それを散善といいます。

　このことから『観経』の中心は、定善・散善にあるようにみえます。しかし、釈尊が最後に阿難に託したのは定善・散善ではなく、念仏の教えでしたので、浄土真宗七高僧第五祖である善導大師（→54頁）は、『観経』の中心は念仏であると示され

ました。親鸞聖人はその意を受けて、『観経』に説かれた釈尊の本意は、「他力の念仏」にあると明らかにされました。

仏説阿弥陀経
<small>ぶっせつあみだきょう</small>

　『小経』は、弟子の長老舎利弗（シャーリプトラ）の問いを待たずに釈尊自らが説かれたので「無問自説の経」といわれます。

　この経典は、コーサラ国の首都・舎衛国の祇園精舎において説かれたもので、極楽浄土のうるわしい様子と仏・菩薩がたの尊い徳が具体的に示されます。そして、この浄土には、念仏することによってのみ、往生ができると説かれるのです。また、東・南・西・北・下・上の六方の諸仏によって、この念仏往生の教えの、少しも間違いのないことが証明されているのです。ここでの念仏は、浄土往生を願う者が、自らの力をたよりに、懸命にとなえることで往生できるとする、いわゆる「自力の念仏」にみえます。しかし、親鸞聖人は、凡夫に自力は不可能なので、釈尊の本意は「他力の念仏」にあると明らかにされました。

「浄土三部経」（校点三部経）

「浄土三部経」の教説

　これまでみてきたように、「浄土三部経」には、浄土真宗の根本となる教えが説かれています。

　親鸞聖人は、「浄土三部経」には、経の表面上に説かれている教えと、隠れて説かれている教えの二種類があるとみられました。表面上に説かれているものを「顕説」といいます。また、隠れて説かれているものを「隠彰」といいます。

　『大経』には真実のみが説かれ、隠れて説かれている教えはありませんので、顕説のみです。しかし、『観経』・『小経』の表面には、自力の教えが説かれ、真実は隠れて説かれているとみられたのが親鸞聖人です。

　『観経』は、表面には定善・散善が説かれています（顕説）。しかし、その教えは自力であって釈尊の本意ではありません。自力の諸行に隠れて他力の念仏が説かれている（隠彰）と親鸞聖人はみられました。

　次に『小経』には、自力の念仏を称えて浄土往生する方法が説かれています（顕説）。しかし、他力の念仏が隠れて説かれている（隠彰）と親鸞聖人はみられました。

　このように『観経』・『小経』の経文には顕説と隠彰があるのは、自力を捨てさせ、人々を真実の教えである他力念仏に導き入れるため（方便）なのです。（→6頁）

　右の頁の図のように、顕説と隠彰によって、親鸞聖人は三部経に方便と真実による二重の構造があることをあきらかにされました。

小経┬顕説……自力念仏往生……方便
　　└隠彰……他力念仏往生……真実

観経┬顕説……自力諸行往生……方便
　　└隠彰……他力念仏往生……真実

大経…………他力念仏往生……真実

七高僧とは

　親鸞聖人が、浄土教の祖師と崇められたインド・中国・日本における七人の高僧を七高僧、あるいは七祖といいます。「正信偈」の後半部分で七高僧のご功績を讃えられますが、そのご文を参考に、古来真宗では、親鸞聖人がなぜ多くの高僧の中から特に七人を選ばれたのかが次のように考えられてきました。

　1．自らが浄土へ往生したいと願っていること。

　2．他力念仏を伝えるために著述をされたこと。

　3．他力念仏について特に優れた味わいがあること。

　4．本願のお心にかなっていること。

龍樹菩薩

　七高僧の第一祖はインドのナーガールジュナ、漢訳では龍樹菩薩です。150〜250年頃の人とされます。大乗仏教の基礎を確立され、日本仏教では古来「八宗の祖師」とも仰がれます。

　「正信偈」では、

　　龍樹大士出於世　悉能摧破有無見
　　　（龍樹大士世に出でて、ことごとくよく有無の見を摧破せん）　　　　　　　　　　　　　　　　（→註、204頁）

と、「有の見」と「無の見」の両方の誤った物事の見方を正されたと記されます。これは、龍樹菩薩がすべての存在は縁起であるから、そこにそのもの自体が有ると見るのも、また、そこには何も無いと見るのもまちがいであると説かれたことを意味します。無我の教え（→26頁）をもととしていくつもの著作を

残されました。

　なかでも『十住毘婆沙論』では、本願他力を「水道の乗船」のようであるから易行とし、自力修行を「陸路の歩行」のようであるから難行とされます。そのうえで自らも信心によって歓喜地という菩薩の位に至り、他力念仏を勧めてくださいました。このことを親鸞聖人は、「高僧和讃」に次のように讃えられます。

　　本師龍樹菩薩は　　大乗無上の法をとき
　　歓喜地を証してぞ　　ひとへに念仏すすめける
　　龍樹大士世にいでて　　難行・易行のみちをしへ
　　流転輪廻のわれらをば　　弘誓のふねにのせたまふ

　　　　　　　　（→註、578〜579頁　小本和讃、94丁右左）

　功徳も積めない私たちに、功徳を施された阿弥陀如来のはたらきを「弘誓のふね」とたとえています。阿弥陀如来に施された功徳とは、八正道によって得られる智慧そのものであると示されます。（→32頁）そのことを、『十住毘婆沙論』では次のように記されます。

　　かの八道の船に乗じて、よく難度海を度す（→註、153頁）

　難度海とは、私たちには決して生死輪廻の苦から解脱ができませんので「難度」とし、はてしないことを「海」にたとえた言葉です。このご文もまた、親鸞聖人は和讃にされます。

　　生死の苦海ほとりなし　　ひさしくしづめるわれらをば
　　弥陀弘誓のふねのみぞ　　のせてかならずわたしける

　　　　　　　　（→註、579頁　小本和讃、96丁右）

天親菩薩

　七高僧の第二祖は５世紀頃、北インドのガンダーラに出られたヴァスバンドゥ菩薩です。漢訳のお名前では、天親、世親、婆藪般豆とされます。天親菩薩は、多くの論書を著されたことから「千部の論師」と仰がれます。特に部派仏教の教理を解説した『倶舎論』や大乗仏教の唯識説を説いた『唯識二十論』『唯識三十頌』などが有名です。しかし親鸞聖人は、天親菩薩が『浄土論』を著され、本願力と一心を明かされたので「論主」と仰がれます。

　そのことを、「正信偈」では次のように示されます。

　　広由本願力回向　為度群生彰一心
　　（広く本願力の回向によって、群生を度せんがために一心を彰す）　　　　　　　　　　　　　　　（→註、205頁）

曇鸞大師

　七高僧の第三祖は、476年中国山西省の雁門に誕生され、542年頃に汾州の平遙山にあった寺で往生された曇鸞大師です。

　曇鸞大師は、『涅槃経』や龍樹菩薩が説かれた「空」の思想を学ばれ、『大智度論』など四種の論書の講義や『大集経』の註釈などを志していましたが、健康を害したので目的を達するために不老不死の法を求める旅に出ました。その結果、江南の地で陶弘景と会い、仙経を授かりました。

　しかし、その帰路、洛陽で天親菩薩の『浄土論』の漢訳者である菩提流支三蔵から、自力の道のむなしいことを知らされ、

ついに仙経を焼き捨て浄土教に帰依されたのです。そのことを「正信偈」では、

　　　三蔵流支授浄教　焚焼仙経帰楽邦
　　　（三蔵流支、浄教を授けしかば、仙経を焚焼して楽邦に帰
　　　したまひき）　　　　　　　　　　　　　　　（→註、205頁）

と記されます。そして、『浄土論』の註釈書『往生論註』を執筆されます。

　親鸞聖人は、『浄土論』を『往生論註』によって解釈され、曇鸞大師が他力の信心と念仏をお勧めくださったご功績に対して次のように「高僧和讃」で讃えられます。

　　　天親菩薩のみことをも　　鸞師ときのべたまはずは
　　　他力広大威徳の　　心行いかでかさとらまし

　　　　　　　　　（→註、583頁　小本和讃、109丁右）

　また曇鸞大師は、本願力によって信心をたまわれば浄土でさとりをひらけるのだとされます。

　さらに、浄土でさとりをひらく往生浄土の相状も、浄土から迷いの世界に還って人々を教化する還来穢国の相状も、すべてが本願力回向であるとされ、往相回向・還相回向とされます。その上で、明確に「他力」という言葉を示されましたが、親鸞聖人は、それらのことも「正信偈」並びに「高僧和讃」で数首にわたって讃えられます。（→註、584頁　小本和讃、110丁左〜111丁左）

　他に著された浄土真宗の聖教として『讃阿弥陀仏偈』もあります。

道綽禅師

　七高僧の第四祖は道綽禅師です。562年、曇鸞大師と同じ中国山西省に生まれ、14歳で出家します。その後、『涅槃経』を研究され、講義をすること24回に及びました。しかし、48歳のとき曇鸞大師が住んでおられた玄中寺に移り、そこで石碑に刻まれている曇鸞大師の言葉によって、『涅槃経』に説かれる自力の教えではさとりが得られないと気づかれ、自力聖道門から他力浄土門の教えに帰されます。「正信偈」には次のように記されます。

　　道綽決聖道難証　唯明浄土可通入
　　　（道綽、聖道の証しがたきことを決して、ただ浄土の通入すべきことを明かす）　　　　　　　　　　（→註、206頁）

　後に『観経』に基づき『安楽集』を著され、645年に往生されました。

善導大師

　七高僧の第五祖は善導大師です。613年、中国の臨淄（あるいは泗州）の生まれと伝えられます。各地を遍歴し、阿弥陀如来の浄土を描いた「西方浄土変相図」をご覧になって、浄土教に帰されました。

　その後、玄中寺の道綽禅師を訪ね弟子となられましたが、師の滅後には長安の終南山悟真寺や光明寺などで、当時の『観経』に対する解釈の誤りを正して釈尊の本意である他力念仏の教えを弘められました。そのことを「正信偈」では、

　　善導独明仏正意

（善導独り仏の正意をあきらかにせり）　　　（→註、206頁）
と記されています。

　どのような誤りを正されたのでしょうか。当時の『観経』の解釈では、釈尊から教えを受けた韋提希は凡夫ではなく菩薩であるから、さとりをひらけたのであるというものでした。それでは、念仏が凡夫のためにあるとする釈尊の本意とは違うことになります。そこで、釈尊は韋提希が私たちと同じ凡夫であるからこそ、阿弥陀如来の浄土に生まれることを選ばせたのだと明らかにされたのです。そのことを著されたのが『観経疏』と呼ばれる『観経』の解説書です。

　親鸞聖人は、善導大師のお示しによって「浄土和讃」に、
　　恩徳広大釈迦如来　韋提夫人に勅してぞ
　　光台現国のそのなかに　安楽世界をえらばしむ

　　　　　　　　　（→註、569頁　小本和讃、67丁右）
と讃えられます。

　なお『観経』では、自力心を捨てられない人のために、浄土往生できる方法として定善と散善の自力修行が説かれます。（→46頁）善導大師によれば、それらは自力心を捨てさせ他力へ導くための仮のものであり、捨て去るべきものだとされます。さらには、阿弥陀如来を讃めたたえ、専ら念仏を申すことこそが正しい行であるとされます。

　善導大師は、この書の他に『法事讃』・『観念法門』・『往生礼讃』・『般舟讃』などを著され、681年、浄土に往生されました。

源信和尚

　七高僧の第六祖は、日本の源信和尚（恵心僧都）です。天慶5年（942）、大和国当麻に父を卜部正親、母を清原氏として誕生されました。9歳で比叡山の良源に師事し、天台教学を修められましたが、後に比叡山横川に隠棲して他力念仏の教えに帰され、44歳のときに『往生要集』を著されました。親鸞聖人は、「正信偈」に源信和尚の言葉を次のように引かれます。

　　我亦在彼摂取中　煩悩障眼雖不見　大悲無倦常照我
　　（われまたかの摂取のなかにあれども、煩悩、眼を障へて見
　　たてまつらずといへども、大悲、倦きことなくしてつねに
　　われを照らしたまふといへり）　　　　　（→註、207頁）

　源信和尚は、浄土には本願に報いて建てられた真実報土と、多くの人々に自力を捨てさせるために仮に建てた方便化土があることを明かされましたので、親鸞聖人は「高僧和讃」で次のように讃えられます。

　　報の浄土の往生は　おほからずとぞあらはせる
　　化土にうまるる衆生をば　すくなからずとをしへたり

　　　　　　　　　　（→註、594頁　小本和讃、141丁左）

　寛仁元年（1017）、源信和尚は浄土へ往生されました。

源空聖人

　七高僧の第七祖は、親鸞聖人の直接の師である法然房源空聖人です。源空聖人は、長承2年（1133）美作国久米の押領使、漆間時国の子として誕生され、9歳のとき寺に入り仏

道を歩み始められました。その後、15歳（または13歳）で比叡
山の源光、ついで皇円に師事して天台教学を学ばれ「智慧第一
法然房」と讃えられました。しかし、地位や名誉を求めること
なく18歳で黒谷の叡空の門下になります。承安5年（1175）、
43歳のとき、善導大師の『観経疏』のご文にであわれ、比叡
山を下りて東山吉水に移り他力念仏を弘められます。この教
えは、阿弥陀如来が選び取られた称名念仏によって、どのよう
な者であっても往生できるということです。著述は、『選択
集』です。

　親鸞聖人は、「正信偈」では、「選択本願弘悪世（選択本願、
悪世に弘む）」（→註、207頁）と記され、「高僧和讃」では、

　　智慧光のちからより　本師源空あらはれて
　　浄土真宗をひらきつつ　選択本願のべたまふ

　　　　　　　　（→註、595頁　小本和讃、145丁右）

と、浄土真宗をひらかれたと記されます。また、

　　曠劫多生のあひだにも　出離の強縁しらざりき
　　本師源空いまさずは　このたびむなしくすぎなまし

　　　　　　　　（→註、596頁　小本和讃、146丁右）

と、讃えられます。さらに、源空聖人の建暦2年（1212）1
月25日80歳でのご往生の様子を次のように仰がれます。

　　道俗男女預参し　卿上雲客群集す
　　頭北面西右脇にて　如来涅槃の儀をまもる
　　本師源空命終時　建暦第二壬申歳
　　初春下旬第五日　浄土に還帰せしめけり

　　　　　　　　（→註、598頁　小本和讃、153丁左・154丁右）

教　義

　「宗制」の「教義」には「浄土真宗の教義の大綱は『顕浄土真実教行証文類』に顕示された本願力による往相・還相の二種の回向と、その往相の因果である教・行・信・証の四法である」とあり、「教とは『仏説無量寿経』」と記されています。

　『大経』には、法蔵菩薩が四十八の願いを建て、修行の結果、阿弥陀如来となられて、衆生を救済されることが説き明かされています。

　阿弥陀如来とは、どのような仏でしょうか。これについて『大経』には、出家から成仏に至るまでの過程が明らかにされています。

　はるか昔に、一人の国王が世自在王仏という如来の説法を聞き、さとりを求める心をおこして、法蔵という名の菩薩となりました。法蔵菩薩は、あらゆる衆生を救済するために、五劫という途方もなく長い間思惟して、四十八の誓願を建てます。その大いなる願いを完成させるために、さらに果てしなく長い兆載永劫という間、修行にはげみ、功徳を積み重ねたのです。その結果、誓願を成就され、西方に浄土を建立して、阿弥陀如来となられました。このことを「正信偈」の冒頭の二句のあとに、

法蔵菩薩因位時　　在世自在王仏所

覩見諸仏浄土因　　国土人天之善悪

建立無上殊勝願　　超発希有大弘誓

五劫思惟之摂受　　重誓名声聞十方

（法蔵菩薩の因位の時、世自在王仏の所にましまして、諸仏の浄土の因、国土人天の善悪を覩見して、無上殊勝の願を建立し、希有の大弘誓を超発せり。五劫これを思惟して摂

受す。重ねて誓ふらくは、名声十方に聞えんと）

（→註、203頁）

と、親鸞聖人は讃えられました。

　阿弥陀如来とは、西方極楽浄土にあって大いなる本願により、生きとし生けるものすべてを平等に救済しつつある仏の名前です。四十八願には、光明無量（第十二願）、寿命無量（第十三願）の仏になることが願われています。その願いに報いて成就されたため、無量寿（アミターユス）、無量光（アミターバ）の徳をもつとされ、このような徳をあらわすために阿弥陀如来と名づけられました。無量寿とは時間的な無限性を、また、無量光とは空間的な無辺性をあらわします。

四十八願の構成

　四十八願を分類すると以下のようになります。

(1)摂法身の願…仏身に関することを摂めている願い

（第十二願・第十三願・第十七願）

(2)摂浄土の願…浄土に関することを摂めている願い

（第三十一願・第三十二願）

(3)摂衆生の願…衆生に関することを摂めている願い

（その他の四十三願）

　これらのうち、(1)摂法身の願(2)摂浄土の願は法蔵菩薩の理想とする仏身や浄土に関する願いですが、四十八願全体からいえば(3)の摂衆生の願がそのほとんどをしめます。その理由は、法蔵菩薩の願いが、すべての衆生を浄土に往生させて、仏にさせたいということにあったからです。

本願の「本」には、従来、「因本（いんぽん）」と「根本（こんぽん）」の二つの意味があるといわれます。

因本とは、因位の時（法蔵菩薩であった時）におこされた願ということです。その願いには、これが完成しなければ仏（ぶつ）に成らないという誓いをともなっているので誓願（せいがん）ともいわれます。この願（がん）には、総願（そうがん）と別願（べつがん）とがあります。

総願とは、菩薩が共通しておこす願いのことです。いわゆる「四弘誓願（しぐぜいがん）」として知られています。

衆生無辺誓願度（しゅじょうむへんせいがんど）（無辺の衆生を救済しよう）
煩悩無尽誓願断（ぼんのうむじんせいがんだん）（無尽の煩悩を断とう）
法門無量誓願学（ほうもんむりょうせいがんがく）（無量の法門を知ろう）
仏道無上誓願成（ぶつどうむじょうせいがんじょう）（無上の仏道を成就しよう）

次に、別願とは、菩薩がそれぞれに起こす個別の願いです。この願いが達成されて、それぞれの仏の特徴となります。

阿弥陀如来の別願は、法蔵菩薩であった時におこされた四十八願です。法蔵菩薩の因位のときに起こされた願いという意味での本願なのです。

次に、根本とは、枝末（しまつ）に対する言葉です。つまり、第十八願を根本とし、それを開いて残りの四十七願を枝末とみることです。

親鸞聖人は源空聖人の『選択集（せんじゃくしゅう）』の

四十八願（しじゅうはちがん）のなかに、すでに念仏往生の願（ねんぶつおうじょうのがん）（第十八願（だいじゅうはちがん））をもつて本願中（ほんがんちゅう）の王（おう）となす　　　　（→註七、1228頁）

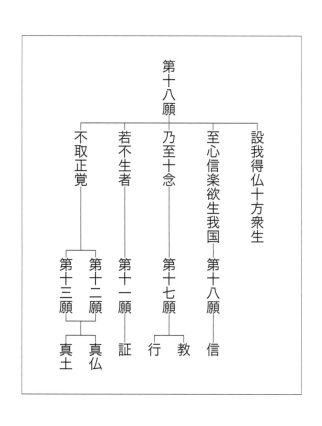

と述べられることをもって、四十八願の根本は第十八願である
とみられました。その第十八願には、

設我得仏 十方衆生 至心信楽 欲生我国 乃至十念
若不生者 不取正覚 唯除五逆 誹謗正法
（たとひわれ仏を得たらんに、十方の衆生、至心信楽して
わが国に生ぜんと欲ひて、乃至十念せん。もし生ぜずは、
正覚を取らじ。ただ五逆と誹謗正法とをば除く）

（→註、18頁）

とあり、他力念仏による浄土往生が誓われています。
　さらに親鸞聖人は具体的に、第十八願を五つの願（真実五
願）からみられ、浄土真宗という教えの体系を組織されまし
た。図示すれば以下の通りです。

「宗制」の「教義」には「浄土真宗の教義の大綱は『顕浄土真実教行証文類』に顕示された本願力による往相・還相の二種の回向（→74頁）と、その往相の因果である教・行・信・証の四法である」とあり、「行とは南無阿弥陀仏」と記されています。

仏教での行とはさとりに至る方法のことです。しかし、私たち凡夫には自力の行でさとりに至ることはできません。源空聖人はそのような私たちのために、阿弥陀如来が本願を成就された名号を施され、その名号を称えることによって往生する道を示されました。

親鸞聖人は、その称名念仏の行（南無阿弥陀仏）こそが阿弥陀如来が選ばれた大行であり、七高僧によって受け継がれてきた行であると『教行信証』「行巻」において明らかにされています。

「行巻」冒頭には次のように記されています。

> つつしんで往相の回向を案ずるに、大行あり、大信あり。大行とはすなはち無碍光如来の名を称するなり。この行はすなはちこれもろもろの善法を摂し、もろもろの徳本を具せり。極速円満す、真如一実の功徳宝海なり。ゆゑに大行と名づく。しかるにこの行は大悲の願（第十七願）より出でたり
>
> （→註、141頁）

「南無阿弥陀仏」という称名念仏の行は、あらゆる善と功徳をおさめ、勝れたはたらきをもっており、広大無辺の徳をそなえているから「大行」と名づけられるのです。

　大行である称名念仏とは、阿弥陀如来の本願が成就したことによって施されている行です。このことを親鸞聖人は、先の引用では、「大悲の願より出でたり」と記され、また、

　　あきらかに知んぬ、これ凡聖自力の行にあらず

（→註、186頁）

とも明かされています。

　この大行は、浄土真宗では「本願の念仏」「他力の念仏」などともいい、「自力の念仏」とは異なります。

　「自力」とは、『一念多念文意』に、

　　自力といふは、わが身をたのみ、わがこころをたのむ、わが力をはげみ、わがさまざまの善根をたのむひとなり

（→註、688頁）

と示されているように、自分自身の力をあてにし、念仏したことによる善根功徳をあてにすることをいいます。

　それに対して、大行である他力の称名念仏とは、私たち自身が「南無阿弥陀仏」と称えるものでありながら、それはそのまま大悲の願よりでた阿弥陀如来のはたらきなのです。

『教行信証』「行巻」にある、南無阿弥陀仏の六字を解釈される「六字釈（ろくじしゃく）」と呼ばれる一段には、次のようにあります。

しかれば、「南無（なも）」の言は帰命（きみょう）なり。（中略）ここをもつて「帰命（きみょう）」は本願 招喚（ほんがんしょうかん）の勅命（ちょくめい）なり。「発願回向（ほつがんえこう）」といふは、如来（にょらい）すでに発願（ほつがん）して衆生（しゅじょう）の行（ぎょう）を回施（えせ）したまふの心（しん）なり。「即是其行（そくぜごぎょう）」といふは、すなはち選択本願（せんじゃくほんがん）これなり

（→註、170頁）

この六字釈によって、親鸞聖人は「南無阿弥陀仏」の名号が、阿弥陀如来の私たちを喚（よ）ぶ声であると示されています。

阿弥陀如来は、私たちが遠い過去より迷いの世界に沈んでいることを悲しまれ、自ら苦しみから逃れたいという願いを持つ前から「かならず救うまかせよ」との喚び声として「南無阿弥陀仏」を施されたのです。

親鸞聖人が大行として示された称名念仏は、阿弥陀如来が施される行であり、阿弥陀如来のはたらきそのものでした。それを、「本願力回向（ほんがんりきえこう）」といいます。

ところで、私たちが「南無阿弥陀仏」と称えさせていただくことは、他力によるものですから、たとえ何十回、何百回と念仏を称えたとしても、その回数は浄土往生に関係ありません。

源空聖人門下内で生じた、称名念仏の回数に対する論争（一念多念の諍論（いちねんたねんじょうろん））を背景に、親鸞聖人が著された『一念多念文意（いちねんたねんもんい）』には、

浄土真宗（じょうどしんしゅう）のならひには、念仏往生（ねんぶつおうじょう）と申（もう）すなり、まつたく

一念往生・多念往生と申すことなし　　　（→註、694頁）

とあります。このように、称名念仏の回数にはこだわらないのが浄土真宗の教えです。

　それでは、浄土真宗の教えの上で、浄土往生するには何が必要なことになるのでしょうか。それは、阿弥陀如来のはたらきを疑いなく受け入れることです。（→68頁）それを「信心」といい、正因（正しき因）とします。

　このような正因の上で、私が称える念仏とはどのような意味をもつものでしょうか。阿弥陀如来のはたらきを受け入れたところに浄土往生の因は完成しています。その後の称名念仏は浄土往生のためではなく、私たちを救おうとはたらき続ける阿弥陀如来をほめたたえ、報恩の念いから行うものです。浄土真宗では、このような信心と称名念仏の関係を「信心正因・称名報恩」といいます。

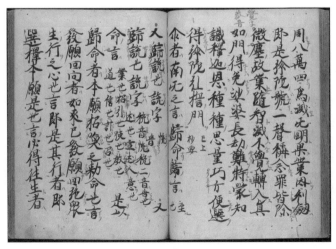

本願寺所蔵『教行信証』

　「宗制」の「教義」には、「浄土真宗の教義の大綱は『顕浄土真実教行証文類』に顕示された本願力による往相・還相の二種の回向と、その往相の因果である教・行・信・証の四法である」とあり、「信とは無疑の信心」と記されています。

　親鸞聖人は、「南無阿弥陀仏」の名号が阿弥陀如来の喚び声であることを明らかにされました。この喚び声を疑いなく受け入れることが「信心」であり、浄土に往生し成仏する正しき因です。『教行信証』「信巻」には、「涅槃の真因はただ信心をつてす」（→註、229頁）とあり、唯円の書とされる『歎異抄』第1条には、「弥陀の本願には、老少・善悪のひとをえらばれず、ただ信心を要とすとしるべし」（→註、831頁）とありますように、老人も若者も善人も悪人も、あらゆるものを区別せず救おうとする阿弥陀如来の救いにおいては、信心こそが肝要なのです。

　では、往生成仏の因である「信心」はどうすれば起こせるのでしょうか。私たちが必死に努力して、信じればいいのでしょうか。親鸞聖人は、称名念仏と同様に、信心も阿弥陀如来の名号のはたらきによるものであると示されます。『教行信証』「信巻」には、第十八願（本願）が成就したことをあらわす第十八願成就文がありますが、その成就文にある「聞其名号」の文を次のように解釈されています。

　　しかるに『経』（大経・下）に「聞」といふは、衆生、仏願の生起本末を聞きて疑心あることなし、これを聞といふなり。「信心」といふは、すなはち本願力回向の信心なり

　　　　　　　　　　　　　　　　　　　　（→註、251頁）

また、『一念多念文意』には、

「聞其名号」といふは、本願の名号をきくとのたまへるなり。きくといふは、本願をききて疑ふこころなきを「聞」といふなり。またきくといふは、信心をあらはす御のりなり

（→註、678頁）

とありますが、名号を疑いなく聞くことが「信心」であり、その「信心」を「本願力回向の信心」といい、如来のはたらきによるといわれています。だからこそ「他力の信心」というのです。

親鸞聖人の曽孫にあたる、本願寺第３代宗主覚如上人による『御伝鈔』には、源空聖人の門下において、師の信心と弟子の信心とが同じであるはずがないという論争が起こった際に、源空聖人は次のように仰ったと記されています。

他力の信心は、善悪の凡夫ともに仏のかたよりたまはる信心なれば、源空が信心も善信房の信心も、さらにかはるべからず、ただひとつなり

（→註、1051頁）

ここに記される「善信房」とは親鸞聖人のことです。

源空聖人の信心と親鸞聖人の信心とは、いずれも「仏のかたよりたまはる信心」、すなわち本願力回向の信心であるからこそ同じであると示されているのです。

　他力の信心をたまわるには、み教えをどのように聞かせて
いただくのでしょうか。前項「教行信証　信（信心正因）」に
引用した「信巻」のご文に「仏願の生起本末を聞きて」（→註、
251頁）とありました。

　仏願の「生起」とは、阿弥陀如来が本願を建てられた理由、
ということです。それは、清らかな心が少しもなく、自己中心
的な思いが、命終わる瞬間まで無くならない凡夫の「私」がい
るからです。親鸞聖人は凡夫のことを「煩悩具足」といわれ、
『一念多念文意』には、

　　「凡夫」といふは、無明煩悩われらが身にみちみちて、欲
　　もおほく、いかり、はらだち、そねみ、ねたむこころおほ
　　くひまなくして、臨終の一念にいたるまで、とどまらず、
　　きえず、たえず　　　　　　　　　　　　（→註、693頁）

と示されます。

　仏願の「本末」とは、阿弥陀如来が私たちを浄土の仏にさせ
ようという願いを実現するために、はかりしれないほどの長い
間、思惟と修行をされた結果、さとりをひらかれ、今に至るま
で「南無阿弥陀仏」の名号としてはたらき続けているというこ
とです。

　ですから、み教えを聞くとは、「仏願の生起本末」を聞くこ
とであり、「名号のいわれ」を聞くということです。

　それでは、「名号のいわれ」をどのように聞くのでしょうか。
前項「教行信証　信（信心正因）」に引用した『一念多念文意』
のご文には、「本願をききて疑ふこころなきを『聞』といふな

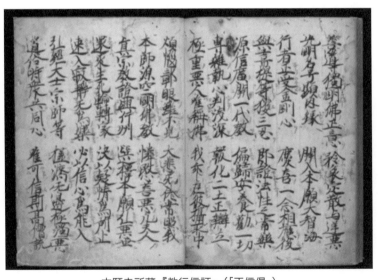

り。またきくといふは、信心をあらはす御のりなり」（→註、678頁）とありました。このように親鸞聖人は「信心」を疑いのない「無疑心」（疑ふこころなき）と定義されています。

なお「正信偈」には、疑う心（疑情）によって私たちが生まれ変わり死に変わりしながら迷いの世界にとどまるとされ（還来生死輪転家）、他力の信心をたまわれば必ず浄土往生できる（速入寂静無為楽）と次のように示されています。

還来生死輪転家　決以疑情為所止　速入寂静無為楽
必以信心為能入
（生死輪転の家に還来ることは、決するに疑情をもつて所止とす。すみやかに寂静無為の楽に入ることは、かならず信心をもつて能入とすといへり）　　　　　　（→註、207頁）

本願寺所蔵『教行信証』（「正信偈」）

　「宗制」の「教義」には、「浄土真宗の教義の大綱は『顕浄土真実教行証文類』に顕示された本願力による往相・還相の二種の回向と、その往相の因果である教・行・信・証の四法である」とあり、「証とは滅度」と記されています。

　親鸞聖人は、信心こそが浄土往生の正しき因であると示されました。この信心を得たとき、十種の利益がそなわります。『教行信証』「信巻」に、

　　金剛の真心を獲得すれば、横に五種八難の道を超え、かならず現生に十種の益を獲　　　　　　（→註、251頁）

と示されています。

　十種の利益とは、

　　「冥衆護持の益」　　　「至徳具足の益」
　　「転悪成善の益」　　　「諸仏護念の益」
　　「諸仏称讃の益」　　　「心光常護の益」
　　「心多歓喜の益」　　　「知恩報徳の益」
　　「常行大悲の益」　　　「正定聚に入る益」

であり、「正定聚に入る益」が中心です。

　「正定聚」について、親鸞聖人は、

　　往生すべき身とさだまるなり　　　（→註、679頁　脚註）
　　かならず仏になるべき身となれるとなり

　　　　　　　　　　　　　　　　　（→註、680頁　脚註）

と註釈（左訓）をほどこされ、「かならず浄土に往生してさとりをひらき、仏となることが定まった身」のことだと示されています。

　この「正定聚に入る益」がこの世で得られるのです。それは信心を得た時、命終わるまで煩悩から離れられない私が、必ず仏となるべき身に定まるといわれていることなのです。このことを現生正定聚といいます。

　『教行信証』「証巻」には、

しかるに煩悩成就の凡夫、生死罪濁の群萌、往相回向の心行を獲れば、即の時に大乗正定聚の数に入るなり。正定聚に住するがゆゑに、かならず滅度に至る

（→註、307頁）

とあり、信心を得たその時に、必ず仏となるべき身に定まるのであるから、「かならず滅度に至る」と示されています。「滅度」とは、「煩悩を滅し、迷界をわたる」という意味で、「証巻」冒頭に、真実の証を「無上涅槃の極果」（→註、307頁）と示されているように、この上ない仏のさとりの境地のことをいいます。（→20頁）

左訓について

　漢文や漢字仮名交じり文において、本文の漢字の左側に記された仮名や漢字のことをいう。
　漢字の訓みを示すものや、語の意味を示すものなどがある。
　「三帖和讃」には、親鸞聖人の左訓だけでなく、書写した者による左訓も多くあり、聖教を理解する一助となる。

　滅度にはいつ至ることができるのかといえば、『教行信証』「信巻」には、

　　　　念仏の衆生は横超の金剛心を窮むるがゆゑに、臨終一念
　　　　の夕、大般涅槃を超証す　　　　　　　　　（→註、264頁）

と記されます。「臨終一念の夕、大般涅槃を超証す」とは、この世での命を終えたと同時に、浄土に往生してたちまちさとりをひらくことです。このことを「往生即成仏」といいます。

　浄土真宗では、前項「教行信証　証（滅度）」に示した現生において信心を獲得した時に正定聚に入るという利益（現益）と、死という当に来るべき時に浄土に往生して仏に成るという利益（当益）の二つの利益があることになります。

　仏に成るとは、自利利他を完成することです。（→35頁）ですから、さとりをひらいた者は、あらゆるものをさとりへと導くはたらきをなす身となります。このことを「高僧和讃」には、

　　　　願土にいたればすみやかに
　　　　　無上涅槃を証してぞ
　　　　　すなはち大悲をおこすなり
　　　　　これを回向となづけたり　　　　　　　　（→註、581頁）

と讃えられ、『歎異抄』第4条には、

　　　　浄土の慈悲といふは、念仏して、いそぎ仏に成りて、大慈

大悲心をもつて、おもふがごとく衆生を利益するをいふ
べきなり　　　　　　　　　　　　　　　　（→註、834頁）

と記されています。
　凡夫である私たちが、本願を信じ、念仏申させていただき、
浄土に往生し、仏に成り、あらゆるものを導くことも、すべて
が阿弥陀如来のはたらきによることが親鸞聖人によって示され
ました。このことを、「往相回向・還相回向」といいます。す
なわち私たちが浄土に往生させていただくすがたを往相、浄土
に往生させていただいた後に、あらゆるものを導かせていただ
くすがたを還相といいます。親鸞聖人は、往相・還相がともに
阿弥陀如来のはたらき（回向）によるものであると明らかにさ
れたのです。（→53頁）
　「正信偈」には、

　　往還回向由他力
　　　（往還の回向は他力による）　　　　　（→註、206頁）

とあり、また、「正像末和讃」には、

　南無阿弥陀仏の回向の
　　恩徳広大不思議にて
　往相回向の利益には
　　還相回向に回入せり　　　　　　　　　　（→註、609頁）

と讃えられています。

他力本願・往生浄土・悪人正機

真宗教団連合（→99頁）では、浄土真宗や寺院・僧侶に対する世間一般の認識や期待値と、現代人の価値観等の実態を把握することを目的として、2017年度・2018年度の2回にわたってインターネット調査を実施しました。

その中で、24の基本真宗用語を選び出して行った認知度調査では、「他力本願」「往生浄土」「悪人正機」の3つが特に認知度の低いことが明らかとなりました。この3つは、浄土真宗の教えをあらわす大切な言葉です。正しくお伝えできるようにしっかり学ぶ必要があります。

他力本願

「他力本願」という言葉は、浄土真宗において、み教えの根幹に関わる最も重要な言葉です。一般には、「他力」や「他力本願」は、「他人の力をあてにすること」とか、「人任せな消極的な態度」と理解されていることが多いようです。たしかに、「自」に対しての「他」ですから、「自分の力」に対する「他人の力」と考えられます。しかし、真宗で使用する「自力」という言葉は、「さとり」を開き、仏に成るための修行の力です。はたして、煩悩に満ちた人間が自らの力で仏になることができるでしょうか。

『歎異抄』によれば、親鸞聖人は、「いづれの行もおよびがたき身」（→註、833頁）と、自力修行では仏になれないと仰せになられます。

また、他の力とは、仏にさせてくださる力のことです。そのことから、真宗用語としての「他力」は、人間の力ではなく、人間を仏にさせてくださる力のことです。すなわち、仏の力、

仏力のことになります。それも苦しみ悩む人間を仏にさせたいと願った阿弥陀如来の根本の願いによる力です。そこで、親鸞聖人は、『教行信証』「行巻」で、

　　他力といふは如来の本願力なり　　　　　　（→註、190頁）

と示されるのです。

　「他力」とは、阿弥陀如来の本願による力であり、「他力本願」とは、広大無辺な衆生救済をしてくださる阿弥陀如来のはたらきをあらわす言葉なのです。

往生浄土

　「往生」とは、阿弥陀如来の清浄な国土に往き仏に成ることです。すなわち「往生浄土」を意味する言葉なのです。ですので一般に「立往生」などと使われますが、本来の「往生」の意味は「途中で行きづまったまま身動きが取れなくなる」という意味ではありません。

　清浄とは、自身を苦しめる欲望や怒りや愚かさという煩悩に汚されていない心のことですので、仏の心のことです。そこで、仏の世界を浄土ともいうのです。

　また、親鸞聖人は、浄土は限りない光の世界（無量光明土）であるともいわれます。

　私たちにとって、もっとも大事なことは、すべての苦しみから解放され、仏と成ることです。それを教えてくださる真宗の要となる言葉が、「往生浄土」なのです。

悪人正機
^{あくにんしょうき}

「悪人正機」という言葉を、「悪いことをしてもかまわない」と開き直ることであるとか、「悪いことをしたほうが救われる」という意味であると理解することは大きな誤りです。

ここでの「悪人」とは、一般社会における道徳上の悪人や、国の法律を犯した犯罪人のことではありません。煩悩に満ちた、決して自力では仏に成ることのできない者のことです。

「機」は、救いの対象を意味しますので、「悪人正機」とは、自力で修行しても仏になれない私こそが阿弥陀如来の救いのめあてであるという意味の言葉です。

すなわち阿弥陀如来の本願の正しきめあては、自力では老病死の苦しみから逃れることもできず、また、自力によって往生浄土することもできない私であるということです。

歴　史

memo

親鸞聖人は、平安時代の末期、承安3年（1173）に、日野（現在の京都市伏見区日野）の地において誕生されました。誕生日については、江戸時代から4月1日（旧暦）であるといわれてきました。日本では明治6年（1873）から新暦を採用しましたので、本願寺派では5月21日を親鸞聖人の誕生日であると定めました。現在は、親鸞聖人の誕生を祝う法要「降誕会」を、5月20日・21日にお勤めしています。

親鸞聖人の父は、藤原氏の流れをくむ日野有範、母は吉光女と伝えられています。

親鸞聖人は、治承5（養和元）年（1181）春、9歳の時に、伯父である範綱に伴われ三条白川坊（青蓮院）を訪ね、慈円和尚のもとで得度し、範宴と名のられました。

親鸞聖人の出家得度に際して次のような出来事があったと伝えられています。

親鸞聖人が出家得度なさろうとした際、すでに遅い時間だったため「翌日に剃髪をしましょう」と言われましたが、幼き親鸞聖人は「明日ありと　おもふ心のあだ桜　夜半にあらしの吹かぬものかは」という詩を返し、その夜に出家得度されました。

この伝承は広く流布したものであり、「この私は、今日のいのちが明日あるかどうかわからない」という無常のこころがあらわされており、現代の私たちにも時代を越えて響くものがあ

有範（ありのり）	宗業（むねなり）	範綱（のりつな）
行兼（ぎょうけん）・有意（ゆうい）・兼有（けんう）・尋有（じんう）・親鸞（しんらん）		

ります。

当時は、保元の乱（1156）、平治の乱（1159）といった国を揺るがす大きな争いが続く、戦乱の世でした。それに加えて、養和の大飢饉（1181年頃）をはじめとした天変地異も起こっていました。こうした状況が起きてくることを人々は、末法の時代であるからと理解していました。なお、末法とは、釈尊入滅後、時代が移るにつれて、次第に仏教が衰微していく状況を、正法・像法・末法の三時に分けたものの一つです。

親鸞聖人が出家得度された動機は、はっきりとわかっていませんが、このような時代背景も影響があったと考えられます。

本願寺所蔵　ご絵伝　第一段「お得度の場面」

81

比叡山でのご修行

　比叡山は、延暦4年（785）に伝教大師最澄によって開かれました。平安時代には、日本仏教における最高学府として発展し、数多くの僧侶が集う仏道修行の聖地となっていました。

　この比叡山では、

法然房源空聖人（浄土宗）　　栄西（臨済宗）
道元（曹洞宗）　　日蓮（日蓮宗）　　一遍（時宗）

などの鎌倉時代に活躍された各宗の祖師方が、親鸞聖人と前後して学んでおられます。当時、比叡山が日本仏教にとって重要な役割を果たしていたことがわかります。

　比叡山において勉学・修行の生活に入られた親鸞聖人が、どのような生活をなさっていたのか、その詳細はほとんどわかっていません。『御伝鈔』には、

楞厳横川の余流を湛へて、ふかく四教円融の義にあきらかなり
（→註、1043頁）

とあります。比叡山には、東塔・西塔・横川の3つの仏道修行の地域があり、そのうち横川は、もっとも世俗化をまぬがれたところで、しかも源信和尚ゆかりの比叡山浄土教の中心地でもありました。

　また、その他の具体的な史料に、親鸞聖人の妻、恵信尼公のお手紙（『恵信尼消息』）があります。そこには、

殿の比叡の山に堂僧つとめておはしましける

（→註、814頁）

と記されています。ここにある「堂僧」とは、常行三昧堂において不断念仏を修する者を指すと考えられます。

　なお、親鸞聖人の比叡山における研鑽のご様子は、後に執筆された『教行信証』などからうかがうことができます。

　たとえば、法然聖人門下時代に大部分が完成されたと考えられる『阿弥陀経註』には、経文を書写した後、経文に関する他の書物の言葉を行間や上下の余白、紙の裏に引用するなどして、細かく註釈を施されています（→下写真）。ここにみられるような綿密な研究態度は比叡山において身につけられたと考えられます。

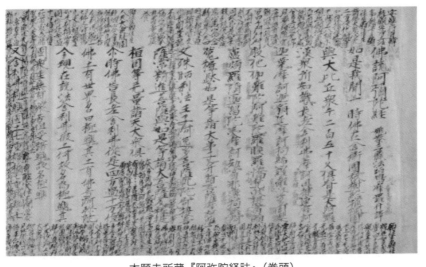

本願寺所蔵『阿弥陀経註』（巻頭）

源空聖人のもとで本願に帰す

memo

　親鸞聖人は、20年間比叡山でご修行されましたが、そこでは「生死出づべき道」を求めることはできませんでした。煩悩をそなえたものがいかにして迷いを離れ、さとりをひらくかを親鸞聖人は悩まれましたが、比叡山の勉学・修行では解決できなかったのです。そこで、29歳のときに、「生死出づべき道」を求めて比叡山を下山することを決意されました。「生死いづべき道」とは「迷いの世界を離れることのできる道」のことです。

　比叡山から下りられた親鸞聖人は、聖徳太子創建の六角堂に参籠されました。それは、夢の告げ（夢告）を与える観音菩薩として有名であった六角堂の救世観音に、進むべき道の決断を仰がれ、95日目の暁に自ら夢のお告げをうけました。そのことを承けて、東山吉水の源空（法然）聖人のもとに100日間通われます。そこで聞かれた教えは、この世においてさとりを完成しようとする、浄土往生を願う以外の仏教の教え（聖道門）ではなく、浄土に往生してさとりをひらく教え（浄土門）でありました。それは、どのような者も分けへだてなく救われるという念仏往生の教えなのです。以上のことが『恵信尼消息』に記され、次のように源空聖人からお諭しを受けられたと記されます。

　　　ただ後世のことは、よき人にもあしきにも、おなじやうに、生死出づべき道をば、ただ一すぢに仰せられ候ひしを、うけたまはりさだめて候ひし　　　　（→註、811頁）

　源空聖人から念仏往生の教えを聞かれた親鸞聖人は、つい

に建仁元年（1201）、浄土門へ帰入されました。この時のことを、『教行信証』「化身土文類」には次のように記されています。

愚禿釈の鸞、建仁辛酉の暦、雑行を棄てて本願に帰す

（→註、472頁）

親鸞聖人29歳、源空聖人69歳の時でした。

源空聖人は、親鸞聖人に深い信頼を寄せられていました。それは、源空聖人の門下となって4年目、33歳の時、『選択集』を書写したこと、源空聖人の御影の制作を許可されたことから知ることができます。また、『選択集』を書写した際には、源空聖人自ら「選択本願念仏集」の内題の字と「南無阿弥陀仏往生之業　念仏為本」、並びに当時の親鸞聖人の法名「釈綽空」を書かれて授与されています。この時の喜びを親鸞聖人は『教行信証』「化身土文類」に、

年を渉り日を渉りて、その教誨を蒙るの人、千万なりといへども、親といひ疎といひ、この見写を獲るの徒、はなはだもつて難し。しかるにすでに製作を書写し、真影を図画せり。これ専念正業の徳なり、これ決定往生の徴なり。よりて悲喜の涙を抑へて由来の縁を註す　（→註、473頁）

と、述懐されています。このように、親鸞聖人は源空聖人のもとで、充実した時を過ごされました。

非僧非俗の生活

　源空聖人が説かれた専修念仏の教えは、貴族や武士だけでなく庶民層に至るまで広く浸透し、多くの人々が源空聖人のもとに集いました。その中には、専修念仏の教え以外の諸宗や諸仏をそしる人たちもいました。

　このようなことから元久元年（1204）11月、延暦寺の衆徒は専修念仏の停止を求めました。これに対して、源空聖人は言行を正すことを誓う7条からなる書状である「七箇条制誡」をしたためられました。これには190名の弟子の署名が添えられており、そこには親鸞聖人も「僧綽空」と名を記されています。

　この「七箇条制誡」によって、非難はおさまったかのようにみえました。ところが、翌元久2年（1205）10月に、興福寺から書状（「興福寺奏状」）が朝廷に出されました。そこには9条の過失があげられ、さらに専修念仏の教えが厳しく非難されています。

　この「興福寺奏状」をめぐっては、当初、朝廷では慎重な態度で対応していましたが、突如、激しい弾圧に発展しました。その発端は、後鳥羽上皇が留守の際、上皇が寵愛していた女官が、源空聖人の門弟である住蓮房・安楽房の主催する法会に夜通し参加してしまったことでした。これによって上皇は激しく怒り、専修念仏の停止を下しました。建永2年（承元元年、1207）2月、朝廷により専修念仏の停止とともに、住蓮房・安楽房を含む4名が死罪、源空聖人・親鸞聖人を含む8名が流罪となりました。

　このような専修念仏に対する極めて厳しい一連の弾圧を「承元の法難」といいます。

　流罪に処されたものたちは、それぞれ還俗させられ、親鸞聖人（35歳）は藤井善信という名前で、越後国（新潟県）国府に流罪となりました。

　親鸞聖人がどのような生活をされていたのかはわかりませんが、その後の生き方をあらわす言葉として「非僧非俗」「愚禿」が挙げられます。『教行信証』後序に、承元の法難に関する記録を記された後、

　　しかれば、すでに僧にあらず俗にあらず。このゆゑに禿の字をもつて姓とす
　　　　　　　　　　　　　　　　　　　（→註、471頁）

と述べられています。「すでに僧にあらず俗にあらず」（非僧非俗）とは、僧籍を剥奪されましたが、専修念仏の教えを捨てたのではない、ということを意味します。そこで、「禿」を姓とされました。さらに「禿」の上に「愚」の字を冠し「愚禿」と名のられます。この名のりは、煩悩具足、罪悪深重のものが、そのまま阿弥陀如来に救われるという念仏者の生き方をあらわすものでした。

　なお、越後時代にはすでに親鸞聖人は恵信尼公と結婚され、お子さまがいらっしゃいました。『増補改訂　本願寺史』（第1巻）によれば、京都で出会われ、流罪以前にはお子さまが誕生していたとされています。

　本願寺第8代宗主蓮如上人の第10男の実悟（1492～1584）の『日野一流系図』には、範意、小黒女房、慈信房善鸞、栗沢信蓮房明信、益方入道有房（道性）、高野禅尼、覚信尼という7人のお子さまがいらっしゃったと記されています。

関東での伝道活動

　親鸞聖人が越後国（新潟県）に流されてから５年目の建暦元年（1211）11月17日、流罪はとかれました。源空聖人が流罪先の四国から京都に戻られたのは、その３日後の11月20日でしたが、翌年の建暦２年（1212）１月25日、80歳で往生されました。その知らせを親鸞聖人は受けられたようですが、京都には戻られませんでした。

　流罪がとかれてから数年後、親鸞聖人は越後から善光寺（長野県）を通って関東へ向かわれたと考えられています。また、『恵信尼消息』第３通（→註、817頁）によれば、建保２年（1214）上野国佐貫（群馬県邑楽郡明和町大佐貫と推定される）に滞在されていたことがわかります。

　親鸞聖人は、関東において常陸国の笠間郡稲田郷（茨城県笠間市稲田）を拠点とされ、本格的な布教活動を始められました。

　親鸞聖人は、常々「親鸞は弟子一人ももたず候ふ」（『歎異抄』第６条、→註、835頁）と仰せでありましたが、その教えを聞き、聖人を師と仰ぐ門弟たちの集団が必然的に形成されていきました。

　親鸞聖人のお手紙などによれば、その門弟は数百人程度と推定されています。それは、親鸞聖人に直接教えを聞いた者（面授）と、彼らが抱えていた門弟の総数です。

　やがて親鸞聖人の門弟たちは、それぞれの地域で集団を形成し、その地名を冠して「○○門徒」と呼ばれるようになります。例えば、親鸞聖人の面授の門弟である真仏・顕智を中心に、下野の高田（栃木県真岡市高田）を拠点に展開した集団は高田門徒と呼ばれています。また、性信を中心とし、下総の

横曽根（茨城県常総市豊岡町）から展開した集団は横曽根門徒と呼ばれています。これら門弟を親鸞聖人は「御同朋」「御同行」と呼ばれました。

　なお、親鸞聖人は関東において『教行信証』の執筆を始められています。現在、真宗大谷派が所蔵している親鸞聖人の真蹟本（「坂東本」と称される）が国宝として残されています。

　この本の草稿が完成した、親鸞聖人52歳の元仁元年（1224）を浄土真宗の立教開宗の年と定めています。

本願寺所蔵　ご絵伝「稲田の草庵」

京都での著述

　関東在住20年を経過した62歳頃、親鸞聖人は関東を離れ、京都へ戻られました。

　親鸞聖人のもとには、関東の門弟たちが訪れ、専修念仏（せんじゅねんぶつ）について教えを受けていたようです。そのことを『歎異抄』第2条（たんにしょう）には、

　　おのおのの十余箇国（じゅうよかこく）のさかひをこえて、身命（しんみょう）をかへりみずして、たづねきたらしめたまふ御（おん）こころざし、ひとへに往生極楽（おうじょうごくらく）のみちを問（と）ひきかんがためなり　（→註、832頁）

と記されています。また、親鸞聖人の京都での生活は関東の門弟たちによって支えられていました。

　親鸞聖人は関東の時のように積極的な布教活動を行われるのではなく、主に執筆活動に時間を費やされていました。源空聖人門下の先輩である聖覚法印（せいかくほういん）の『唯信鈔』（ゆいしんしょう）や隆寛律師（りゅうかんりっし）の『一念多念分別事』（いちねんたねんふんべつのこと）などの書写のほかに、ご自身で多くの著述を残されています。年齢順に並べると以下のようになります。

76歳　「浄土和讃」（じょうどわさん）「高僧和讃」（こうそうわさん）
78歳　『唯信鈔文意』（ゆいしんしょうもんい）
80歳　『入出二門偈頌』（にゅうしゅつにもんげじゅ）
83歳　『尊号真像銘文』（そんごうしんぞうめいもん）（略本）（りゃくほん）
　　　『浄土文類聚鈔』（じょうどもんるいじゅしょう）
　　　『浄土三経往生文類』（じょうどさんぎょうおうじょうもんるい）（略本）
　　　『愚禿鈔』（ぐとくしょう）
　　　『皇太子聖徳奉讃』（こうたいししょうとくほうさん）

85歳 『浄土三経往生文類』（広本）
『一念多念文意』
『大日本国粟散王聖徳太子奉讃』
『如来二種回向文』
86歳 『尊号真像銘文』（広本）
「正像末和讃」
88歳 『弥陀如来名号徳』

こうした著述の他に注目すべきこ
とは、「帰命尽十方無碍光如来」の
十字名号、「南無不可思議光仏」の
八字名号、「南無阿弥陀仏」の六字
名号などの名号本尊を門弟たちに
書き与えられたことです。

親鸞聖人の晩年のお姿を描いたも
のに鏡御影（→5頁写真）、安城
御影（→右写真）があります。鏡御
影は、親鸞聖人の面影を鏡に写した
かのように繊細に描かれています。
安城御影は、親鸞聖人83歳の時の
お姿とされ、その前には、日常ご使
用されていた品々が描かれていま
す。

本願寺所蔵
『安城御影』（副本）

親鸞聖人の往生と廟堂建立

memo

京都へ戻られてから五条西洞院あたりに居を構えられていた親鸞聖人でしたが、建長7年（1255）12月10日の夜、火災にあわれたため、弟の尋有が所有していた坊舎である三条富小路の善法坊に移られました。それから7年後の弘長2年11月28日（1263年1月16日）に90歳でご往生されました。そこには、末娘の覚信尼と越後から駆けつけた益方入道が立ち会われました。

親鸞聖人の葬儀は翌11月29日、収骨は30日でした。火葬が行われたのは、「鳥部野の南の辺、延仁寺」（『御伝鈔』、→註、1059頁）でした。この延仁寺の所在ははっきりとわかっていませんが、本願寺派では大谷本廟の北東と定め、「親鸞聖人奉火葬之古蹟」と刻まれた石碑を建てています。

親鸞聖人のお墓は、葬儀が行われたのと同じ東山の麓、「鳥部野の北の辺、大谷」（→註、1059頁）に建てられました。そして、親鸞聖人がご往生されてから10年後の文永9年（1272）「吉水の北の辺」（→註、1060頁）に改葬し、関東の門弟たちの協力を得て「廟堂」（大谷廟堂）が建立されました。この廟堂の建立、及び護持に尽力されたのが、末娘の覚信尼です。覚信尼は、日野広綱と結婚していましたが、死別したため、小野宮禅念と再婚しました。廟堂が建てられたのは、この禅念が所有していた土地でした（現在の崇泰院あたり。京都市東山区林下町）。

廟堂建立の2年後、文永11年（1274）4月、禅念は廟堂が建てられている敷地を覚信尼に譲り、翌年亡くなりました。その後、覚信尼は関東の門弟たちに廟堂の敷地を寄進しました。こうして敷地の所有権を譲った一方で、覚信尼は、関東の門弟

たちにかわり直接廟堂を護持する任にみずからが就き、死後は自分の子孫が門弟の承認を得て就任することとしました。この「廟堂を護持する任」が後の「留守職」です。

　弘安6年（1283）11月、病にかかった覚信尼は、門弟たちに宛てて書状をしたため、廟堂を護持する任を広綱との間にできた長子の覚恵に譲ることを告げました。それに従って、覚恵はその年の11月24日、廟堂を継ぐこととなりました。この覚恵の長子が、本願寺第3代宗主覚如上人です。

本願寺所蔵『善信聖人絵』（廟堂）

本願寺と覚如宗主

　覚信尼や関東の門弟によって建立された廟堂を「本願寺」へと発展させていくために尽力されたのが、本願寺第3代宗主覚如上人です。覚如上人は、文永7年（1270）12月28日に生まれ、幼い頃からさまざまな先学のもとで修学研鑽されました。そうした中、弘安10年（1287）、18歳の時には、京都に来ていた親鸞聖人の長男善鸞の子である本願寺第2代宗主如信上人（1235－1300）に会われ、浄土真宗の教えを聞いています。その翌年には、『歎異抄』の著者とされる常陸河和田の唯円に日ごろの疑問をただしたといわれています。

　永仁2年（1294）、25歳の覚如上人は、親鸞聖人の33回忌にあたり、『報恩講私記』を著されました。浄土真宗において最も大事にされる法要が「報恩講」ですが、その言葉が文献上にみえるのは、これが初めてです。翌年には、親鸞聖人の生涯とその行実を主題とした上下2巻の絵巻物、『親鸞伝絵』も作製されています。

　覚如上人は、父の覚恵が往生されて後すぐに留守職に就任できませんでした。延慶3年（1310）、41歳になってようやく留守職に就任することを関東の門弟たちから認められました。「本願寺」という寺号の公称については、正和元年（1312）の頃からと考えられています。

　覚如上人は、親鸞聖人の教えを正しくお受けになり、『執持鈔』『口伝鈔』『本願鈔』『改邪鈔』などを著されて、その教えを広めるために力を発揮されました。これらの著述のなかで、共通して強調されることに「三代伝持の血脈」という主張があります。それは、念仏往生の教えが源空聖人から親鸞聖人、如信上人へと三代にわたって受け継がれ、その教えを覚如

上人が伝承しているということです。そこでの、「血脈」とは「法脈」のことを意味し、念仏往生の教えが正しく伝わっていることを意味しています。

　覚如上人と同じく、念仏往生の教えを伝えひろめることに尽力されたのが、覚如上人の長男の存覚上人（1290－1373）、次男の従覚上人（1295－1360）です。存覚上人は、多数の書物を著されていますが、延文5年（正平15年、1360）8月、71歳の時に著された『六要鈔』は、『教行信証』の初めての註釈書として、以降各宗主によって重用されました。従覚上人は親鸞聖人の一部のお手紙を『末灯鈔』として編集されました。なお、その他のお手紙もあわせて『浄土真宗聖典—註釈版第二版—』には『親鸞聖人御消息』としてまとめられています。

　また、覚如上人は、観応2年（1351）、82歳で往生されましたが、それからまもなく従覚上人は覚如上人の生涯を絵巻物にした『慕帰絵』を制作されています。

本願寺所蔵「覚如上人御影」

蓮如宗主と教団

　覚如上人の後、本願寺第4代宗主善如上人、第5代宗主綽如上人、第6代宗主巧如上人、第7代宗主存如上人へと、本願寺は引き継がれていきました。この間、本願寺が寺院として整えられ、体制の組織化、北陸への教線の拡大などがなされました。存如上人の代、永享10年（1438）頃、阿弥陀堂と御影堂の二つのお堂が並び建ちました。こうした歴代宗主の努力が土台となり、第8代宗主蓮如上人の代に本願寺教団は大きく飛躍することとなります。そのことから、後に蓮如上人は「中興の祖」と呼ばれます。

本願寺所蔵「蓮如上人御影」

　応永22年（1415）に誕生された蓮如上人は、康正3年（1457）、43歳の時、継職されました。蓮如上人の伝道活動は顕著な成果をあげ教団は飛躍的に拡大しました。その活動の代表的なものには、門徒への名号本尊の授与、『御文章』による文書伝道、「正信偈和讃」の開版などが挙げられます。このうち『御文章』は、教えがわかりやすい仮名交じり文で書かれています。また、「正信偈和讃」の開版によって、僧侶と門徒が共に、仏前において唱和することができるようになりました。

　琵琶湖周辺での教団の拡大は、同時に比叡山延暦寺との間に軋轢を生じさせました。この状況を危険視した比叡山は、寛正6年（1465）の1月と3月の二度にわたり大谷の本願寺を

破却するに至りました。これを「寛正の法難」といいます。この法難によって、本願寺と蓮如上人は京都を離れることとなりました。

蓮如宗主は、文明３年（1471）、越前国吉崎（福井県あわら市）に移られました。この吉崎には多くの門徒が集まり、教えを中心とした町が形成されました。しかし、４年後の文明７年（1475）蓮如上人は近畿に戻られ、河内出口（大阪府枚方市）、富田（大阪府高槻市）、堺（大阪府堺市）などにおいて房舎を建て伝道されました。また、文明10年（1478）に山科（京都府京都市）に赴かれ、「寛正の法難」以来建立されなかった本願寺を文明15年（1483）に再建されました。その後も、蓮如上人は、各所において伝道を行われ、後に本願寺となる大坂の石山に坊舎を建てられました。そして、明応８年（1499）、山科にあった本願寺において85歳で往生されました。

なお、蓮如上人が吉崎へ移られた時期は、「寛正の法難」の後に発生した応仁の乱が、全国各地の戦いへと拡大した時期でもありました。そのため本願寺門徒を中心とした一向一揆がおこり、蓮如上人から本願寺第11代宗主顕如上人までの各宗主は、戦国の世において本願寺教団を護持していかなければなりませんでした。

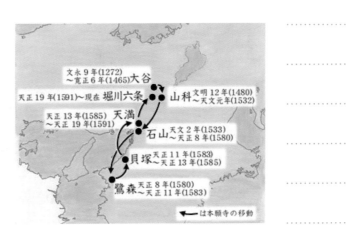

文永９年(1272)〜寛正６年(1465)大谷
天正19年(1591)〜現在 堀川六条　山科 文明12年(1480)〜天文元年(1532)
天正13年(1585)〜天正19年(1591) 天満
石山 天文２年(1533)〜天正８年(1580)
貝塚 天正11年(1583)〜天正13年(1585)
鷺森 天正８年(1580)〜天正11年(1583)
←は本願寺の移動

顕如宗主から本願寺教団の発展

memo

　蓮如上人の時代から、本願寺は戦国時代の動乱に巻き込まれ移転を繰り返していきました。

　延徳元年（1489）に蓮如上人に次いで継職された本願寺第9代宗主実如上人は、教団体制の整備を進めながら、蓮如上人のお手紙を5帖80通の『御文章』にまとめ、布教伝道に用いられました。それによって本願寺はますます発展していきました。

　しかし、戦国時代に入り、近畿一円の覇権をもくろむ大名の争いに巻き込まれ、天文元年（1532）、山科の本願寺は破却されました。そこで、移転を余儀なくされた第10代宗主証如上人は、本願寺を山科から大坂石山にあった房舎に移されました。その位置は現在の大阪城二の丸付近と考えられています。

　しかし、本願寺は更なる困難に見舞われます。第11代宗主顕如上人の時、天下統一をめざす織田信長に、本願寺は攻撃されたのです。本願寺と織田信長との攻防は、石山合戦（石山戦争）と呼ばれ、元亀元年（1570）から天正8年（1580）まで続きました。この戦いの結果、本願寺は鷺森（和歌山）に移ることになりました。

　その後、本願寺は、豊臣秀吉の命により貝塚（大阪府貝塚市）、天満（大阪市北区）へ移転を繰

本願寺所蔵「顕如上人御影」

98

り返しました。そして天正19年（1591）、秀吉の都市計画により、本願寺は現在の京都堀川六条の地に移りました。

　顕如上人は、阿弥陀堂・御影堂の建立に力を注ぎ文禄元年（1592）、50歳で往生されました。それにともない、一旦は長男の教如上人が継職しました。しかし、秀吉は三男の准如上人への継職を命じ、本願寺第12代宗主准如上人が誕生しました。准如上人以降、現在の本願寺第25代宗主専如門主に至るまで、教えを受け継いできたのが浄土真宗本願寺派です。

　なお、教如上人は慶長7年（1602）、徳川家康より烏丸七条に寺地を寄進されました。これが現在の真宗大谷派の基です。

　現在は、親鸞聖人を宗祖と仰ぎ、その教えを受け継いできた次の10派の教団が昭和48年（1973）に親鸞聖人御誕生800年・立教開宗750年をお迎えするにあたり、昭和44年（1969）、「真宗教団連合」を結成しています。（→ホームページ http://www.shin.gr.jp/参照）

　　浄土真宗本願寺派（本願寺・西本願寺、京都市）
　　真宗大谷派（真宗本廟・東本願寺、京都市）
　　真宗高田派（専修寺、三重県津市）
　　真宗佛光寺派（佛光寺、京都市）
　　真宗興正派（興正寺、京都市）
　　真宗木辺派（錦織寺、滋賀県野洲市）
　　真宗出雲路派（毫摂寺、福井県越前市）
　　真宗誠照寺派（誠照寺、福井県鯖江市）
　　真宗三門徒派（専照寺、福井県福井市）
　　真宗山元派（証誠寺、福井県鯖江市）

宗　範

「宗制」の「宗範」には、「本宗門に集う人々は、親鸞聖人の行跡を慕い、常に阿弥陀如来の本願を依りどころとする念仏の生活にいそしんで仏恩報謝に努め、現世祈祷を必要としない無碍の一道を歩むのである」と記されます。

現世祈祷とはこの世の利益を求めることです。それには、病気にならないようにする祈祷や、災厄を除くお祓いばかりでなく、何気なく行っている冠婚葬祭に関わる慣習もあります。

浄土真宗の教えをいただく人は、阿弥陀如来の本願を依りどころとするので、次に挙げるような、死者の儀礼に関わる慣習などにとらわれる必要はありません。それらは迷信・俗信にあたるものです。

次にそれらのいくつかの例を挙げます。迷信ですのでとらわれないようにしましょう。

北　枕

人が亡くなった場合、遺体の頭部を北の方角に向けるという慣習があります。これは、釈尊の涅槃の姿が北に頭を向けておられたという故事を根拠とするものです。それによって北枕と死が結びつき、日常生活における就寝では北枕を避ける、あるいは、遺体を必ず北枕にしなければならないという迷信が生まれました。

一膳飯

遺体の枕元に、お櫃のご飯をすべて盛りきった一膳飯（枕飯）を供える慣習があります。この一膳飯は、故人の使用していた茶碗一杯の高盛りの飯を供えるものです。なかには、その

中心に箸を立てることもあります。これは、二度と自宅にもどってこないようにとの思いからなされるようです。

枕団子

　枕元に団子を49個供えることもあります。亡くなってから満中陰までの四十九日間の旅道中の弁当であるとか、仏さまにお会いしたときの手土産などといわれています。

友　引

　「六曜」（先勝・友引・先負・仏滅・大安・赤口）という昔の暦の注にもとづく語呂合わせから、死者が友を引き連れていっては困るという思いで、友引にあたる日には葬儀を行わないという慣習もあります。

　また、仏滅の日は結婚式がふさわしくないというものもありますが、これも夫婦が死などの不幸に遭わないようにとの思いからできたようです。

清　め

　葬儀などのときに、清め塩を用いる慣習があります。一般的に「清め」には、多くは水か、塩を用います。清めることによって、災いを未然に防ぐことを目的としているようです。

　神道は、この「清め」を主要な要素にしています。それらは、禊と祓です。禊は、罪や穢れを水浴することにより清めることです。なお、祓は禊をも含むあらゆる清めの行為ですので、「祓詞」を用いる呪術的な祈祷から「お札（神札）」を貼るものまで様々なものがあります。

伝　道

自信教人信と伝道

　得度誓約（僧侶の心得）の第一条に、「終身僧侶の本分を守り、勉学布教を怠らないこと」（→3頁）とあります。僧侶の本分とは、善導大師の『往生礼讃偈』に示される「自信教人信（みづから信じ、人を教へて信ぜしむ）」のお言葉を受けたところです。

　親鸞聖人は『教行信証』に、

　　仏世はなはだ値ひがたし。人、信慧あること難し。たまたま希有の法を聞くこと、これまたもつとも難しとす。みづから信じ、人を教へて信ぜしむること、難きがなかにうたたまた難し。大悲弘くあまねく化する、まことに仏恩を報ずるになる　　　　　　　　　　　　　　（→註、260〜261頁）

と、『往生礼讃偈』を引かれています。「自信教人信」について蓮如上人は、

　　信もなくて、人に信をとられよとられよと申すは、われは物をもたずして人に物をとらすべきといふの心なり。人、承引あるべからず　　　　　　　　　　　　　　　（→註、1261頁）

と仰せであったと、『蓮如上人御一代記聞書』に記されています。

　これらのお言葉から、仏の道を伝えることの前提には、伝える人が阿弥陀如来の本願におまかせしていなければならないという基本姿勢が示されていることがわかります。浄土真宗における伝道とは、他力の法を伝えることです。

　伝道方法には種々なものが考えられます。仏教では、人間の
こころのはたらきを「意業」、身体的行いを「身業」、言語活
動を「口業」といいます。この三つを合わせて「三業」（→註、
補註5、1558頁）といいますが、伝道方法は、このうち、身
業・口業によります。

　すべての日常の行動が身業による伝道です。勤式・作法が重
要であることはいうにおよばず、「御絵伝」や、DVDなどの視
聴覚伝道も、これに当たります。

　口業は語業ともいい、言語活動による伝道です。口演のみな
らず、掲示伝道や寺報などもこれに当たります。口演による伝
道は、法話、説教などともいわれますが、本願寺派では「布
教」について、宗門の法規で定義し、特に重要視しています。

浄土真宗の布教

　浄土真宗本願寺派「布教規程」の第2条に布教を次
のように定義しています。

　　布教とは、宗制に基づく浄土真宗の教義をひろ
　めるため、口演その他の方法で行う伝道活動をい
　う

　布教とは、「教えを布く」こと、つまり、教えを広
く行き渡らせること。それを口で述べる口演によって
行うことが布教の主たる方法なのです。これは、僧
侶、門徒にかかわりなく広く宗派に定着している伝道
の一つであります。

浄土真宗とその他の宗教

　仏教用語としての「宗教」という言葉は、「宗と教」または「宗の教」の意味です。この場合の「宗」は、経典に説かれた「教えの要」あるいは「宗派」を意味するものです。

　親鸞聖人は仏教を含めた宗教全体を、『教行信証』「化身土文類」に次のように分類して、

聖道・浄土の真仮を顕開して、邪偽異執の外教を教誡す

（→註、415頁）

と示されています。ここでの「外教」とは「外道」のことです。伝統的に仏教では、仏教以外の教えを「外道」という言葉で表してきました。それは、仏教（「内道」）に対する外の教えという意味です。

　仏教以外の教えについて「正像末和讃」で、「九十五種世をけがす」（→註、602頁）と示されています。この言葉は、九十五種の外道（異道・邪道）が人々を迷わせるということです。「九十五種」とは、釈尊在世当時のインドの外道の数であって、仏教以外の宗教の総称でもあります。

　また、仏教を聖道の教えと浄土の教えに分けられて、浄土の教えこそが真実であり、他の宗派の教えは仮であるとされます。このことは、たとえ、仏教であっても浄土真宗以外の教えは、真実の教えに導くための仮の教えであるとされているのです。

　さらに、教えを説いた人によっても分類されます。仏教は当然釈尊が説かれたものですから、信頼できるものですが、それ以外の人が説かれた教えは信頼できないと『教行信証』「化身

土文類」に次のように示されます。

　経家によりて師釈を披きたるに、「説人の差別を弁ぜば、おほよそ諸 経の起説、五種に過ぎず。一つには仏説、二つには聖弟子説、三つには天仙説、四つには鬼神説、五つには変化説なり」と。しかれば、四種の所説は信用に足らず

（→註、413〜414頁）

　「仏」とはもちろん釈尊のことであります。「聖弟子」とは釈尊の弟子ですが、たとえ弟子でも教えの聞きまちがいもあることでしょう。また、「天仙」とは、梵天や帝 釈 天などの仏教を守護するインドの神々や、超能力を得た人のことです。そして「鬼神」とは、多くは人々に災いや幸せをもたらす神々であり、最後の「変化」というのは、菩薩などが仮の姿となった変化身のことです。

　宗教とは、その教えを基盤とする世界観によって成り立っています。宗教を学ぶ時には、最初にこのことを理解しておかなければなりません。そこで、浄土真宗の僧侶が、「浄土三部経」（→44頁）をはじめとする聖教を理解するのに必要な仏教の世界観を紹介しておきます。

　仏教がインドで初めて説かれた時代では天動説が常識であり、現代のような世界観ではありませんでした。

　当時の世界観では、宇宙のような空間に巨大な風輪と呼ばれる上下の固定された円盤形のものが浮かんでおり、その上に茶筒のような水輪、さらにその上に金輪が乗っているものと考えられ、私たちの大地は金輪の表面の大海にあると考えられていたのです。

　その海の中心には、突出した正方形状の須弥山があり、山の周りの四辺に添って七つの海と七つの黄金の山脈とが交互に山を囲みます。さらにその外側を第八番目の大海が囲んでいるとされ、その大海には須弥山に向かって東には半月形の勝身洲、南には楔形の贍部洲、西には満月形の牛貨洲、北には正方形の倶盧洲という大地があります。そして、大海の最も外側を鉄でできた外輪山（鉄囲山）が囲んでいるとされました。

　空中では、須弥山の中腹の周囲を太陽と月と星とがまわり、地上では須弥山の東方中腹に持国天、南に増長天、西に広目天、北に多聞天（毘沙門天）の四王天（四天王）と呼ばれる神々（天）が四つの洲を守っています。さらに須弥山の山頂には、忉利天と呼ばれる三十三の神々がおり、その山頂の中心には三十三天の筆頭の帝釈天が住む善見城があるとされます。これら須弥山にいる神々は、地上に居るので地居天と総称され

ます。

　この地居天に対して空中に居る神々を空居天といいます。下から順次挙げていくと、夜摩天、兜率天、化楽天、他化自在天、それから清浄な梵天です。他化自在天までは淫欲と食欲がある欲界、梵天からは初禅天と呼ばれ第四天の色究竟天までは欲を離れた清らかな物質からできている四禅天の色界とされます。さらに最上の天界は精神のみの世界であって、空間的表現ができず無色界といわれます。これら欲界・色界・無色界を合わせて三界といいます。

　なお、欲界には、先の六欲天や人間界を含めて地獄・餓鬼・畜生・阿修羅の六道という世界が示されています。それらが、現在の私たちの生きている世界であり、一つの須弥山を中心とする世界を千個合わせたものを小千世界といい、小千世界を千個合わせたものを中千世界、中千世界を千個合わせたものを大千世界（三千世界・三千大千世界）としています。

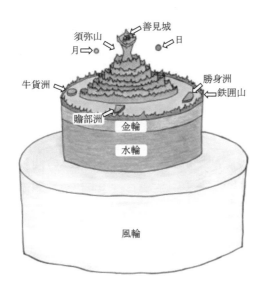

memo

　世界宗教とは、民族をこえて世界に広く信仰されている宗教です。一般的にキリスト教・イスラム教・仏教を「世界三大宗教」と呼んでいます。ここでは、キリスト教とイスラム教に触れておきます。

キリスト教

　キリスト教は、ユダヤ教から生れた宗教です。紀元1世紀頃、ガラリヤ地方（現代のイスラエル北部）のナザレにヨセフを父、マリアを母として誕生したユダヤ人のイエスに始まります。

　イエスは、当時のユダヤ教が律法主義（形式主義）に陥ったことを批判して魂の悔い改めによる救済を説き、神の国の到来を告知します。そのため、キリスト教は、ユダヤ教の聖書を神との古い契約の書として「旧約聖書」とし、イエスの言行録を「新約聖書」と呼びます。イエスは、また神への愛と隣人愛の徹底を説き、社会的に虐げられた多くの人々の心をつかみます。それが、結果的に当時ユダヤを支配していたローマ帝国の官憲に逮捕される理由となり十字架上に磔となります。しかし、その日を含め3日後にイエスは復活し、救い主を意味するヘブライ語の「メシア」、ギリシア語の「キリスト」と呼ばれるところとなります。

　このイエスの復活信仰は、残された人々の間に急速に広まり最初の教会が形成されます。それと同時に、ユダヤ人以外にも積極的伝道が行われるようになりました。その宣教活動における中心的人物がパウロです。パウロはイエスの教えである「福音」をユダヤ民族の枠をこえてすべての人類に開かれて

いると説きました。それによって、キリスト教は小アジアから
ローマにまで達し、やがてローマ帝国の国教になりました。そ
の後さらに広まり、ついには世界三大宗教の一つに数えられる
ようになったのです。

イスラム教

　現在、キリスト教に次いで信者数の多いのがイスラム教で
す。イスラム教の「イスラーム」とは「アッラーのみへの帰
依」を意味する言葉です。610年、当時40歳であったメッカの
商人ムハンマド（マホメット）にアッラーの啓示があり、彼が
死ぬ632年までにその内容を人々に広めたことによってイスラ
ム教が始まります。

　アッラーとは、ユダヤ教やキリスト教と同一の唯一絶対神ヤ
ハウェのアラビア語であって、このアッラーの言葉が記されて
いる書を「クルアーン（コーラン）」と呼びます。つまり、旧
約聖書、新約聖書を神の古い啓示とし、新たな啓示がムハンマ
ドに示されたのがイスラム教ということになります。また、こ
のイスラム教の信者をムスリムと呼びますが、ムスリムは民族
にとらわれることがありませんので、現在も世界に多くの信者
が誕生しています。

　なお、ムハンマドの言行録を「ハディース」といい、「クル
アーン」に次ぐイスラム教の根本聖典とされます。

世界宗教とは違い、固有の民族にのみ信仰されている宗教を民族宗教といいます。

ヒンドゥー教

　ヒンドゥー教は、インド人固有の宗教として民族宗教に分類されるのが一般的です。信者数は9億〜10億人で、キリスト教・イスラム教に続く世界第3位です。

　ヒンドゥー教は、イエスやムハンマドのような開祖のいるキリスト教・イスラム教とは異なり、古代のバラモン教をもとに、時代とともに多くの民間信仰を取り込み自然発生的に出来上がりました。つまり、インドを中心とした多くの民族宗教の集合体のようなものです。

　ヒンドゥー教の根本にあるのは、業（カルマ）と輪廻思想です。また、依りどころとなる聖典にあたるのは、約3000年の歴史を持つ「ヴェーダ」です。

　ヒンドゥー教で説く輪廻思想とは、個人の魂が生前の信心と行為（業）により、次の生を決定するというものです。具体的には、人は、ブラフミン（バラモン、司祭）・クシャトリア（王族）・ヴァイシャ（庶民）・シュードラ（隷民）の4階級のいずれかに生れるとしますが、このカースト制度をもとにして、永遠に生まれ変わるものであるとするものです。つまり、来世は生前の行為によって決定されるのであるとする自業自得の死生観とそれに基づく世界観がヒンドゥー教の背景となっているのです。

　また、これら信仰の依りどころである「ヴェーダ」には多数の神々が登場します。

ユダヤ教

　古代イスラエルの民を起源と考え、唯一絶対の万物創造神ヤハウェ（エホバ）を信仰するユダヤ人の宗教がユダヤ教で、民族宗教の代表です。ユダヤ人の歴史、伝統、慣習、法規を継承していくものです。

　イスラム教、キリスト教、ユダヤ教など一神教の祖とされるアブラハムは全てのユダヤ人の父祖となり、故郷であるメソポタミアの地を離れます。その子孫であるモーセは、エジプトのファラオ（王）のもとで隷属状態になっていたユダヤ人を導き、カナン（パレスチナ）の地をめざしました。途中、モーセはシナイ山で神との契約を行います。これが有名なモーセの十戒です。その中に「あなたには、わたしをおいてほかに神があってはならない」という一神教の根拠や、偶像崇拝の禁止などが示されます。その後、カナンの地に定着後の約200年間は、イスラエル民族が繁栄します。これが現代のイスラエル建国の根拠にされています。

神　道

　神道とは、日本古来の民族宗教とされます。開祖はなく、日本神話と古代歴史と、さらには各地方における民間信仰が渾然一体となり、神社を中心として信仰されてきたものです。特別な教義はありませんが、多くの神社では招福除災を目的として穢れを祓うという宗教行為を神職が行います。その穢れは、死や出血に関わるものが中心です。

勤式作法

　浄土真宗のお寺の大きな特徴の一つは、広い外陣をもっていることです。ご本尊を安置している内陣と、人々が参集できる広い外陣をもつ道場形式の建物から発展したといわれています。

　本堂の内陣を使用する場合は、僧侶が主となりますが、外陣の参拝者も一緒におつとめします。門徒も僧侶も共に教えを聞法し、ご法義について語り合う場として、広い外陣が必要なのです。

　僧侶は、本堂内を整えるために、荘厳の方法、仏具の名称や扱い方などを学んでおく必要があります。

　また、法要や儀式には、日常では感じられない厳かさが大切です。そのためにも正式な服装を整え、正しい作法とおつとめを習得している必要があります。

　なお、日々のおつとめで「帰命無量寿如来・南無不可思議光・法蔵菩薩因位時・在世自在王仏所……」と正しく音読すると同時に、親鸞聖人のお言葉として「無量寿如来に帰命し、不可思議光に南無したてまつる。法蔵菩薩の因位のとき、世自在王仏のみもとにましまして……」と聞き味わう習慣が持てるようにしましょう。

　自らが仏徳を讃嘆し、その教えを聞法し学び続けてゆくことが僧侶として必要な姿勢です。

　次の事項は、得度習礼を受けるにあたって最低限必要な内容です。何度も繰り返し練習を行い、習得しましょう。

A．暗唱が必要なもの

①僧侶の心得〈得度誓約〉

②新しい「領解文」(浄土真宗のみ教え)

③浄土真宗の生活信条

B．習礼中唱和するもの

①領解文

②私たちのちかい

③食事のことば

C．勤式作法に関する内容

①基本的な一般作法

②衣体の着付け及び五条袈裟の威儀の結び方、並びに黒衣の
　畳み方

③法具や役配作法などについての知識

④本堂の仏具や荘厳

D．勤行に関する内容

①日常でのおつとめ (正信偈和讃)

②法事でのおつとめ (仏事勤行 (阿弥陀経))

③葬儀でのおつとめ (出棺勤行・葬場勤行)

④御文章の拝読 (聖人一流章・白骨章)

A.～C.に挙げた項目の細かい内容を次項から説明します。

①僧侶の心得〈得度誓約〉

一、終身僧侶の本分を守り、勉学布教を怠らないこと。
一、和合を旨とし、宗門の秩序をみださないこと。
一、仏恩報謝の生活を送り、心豊かな社会の実現に貢献する
　　こと。

　　※浄土真宗本願寺派の僧侶になろうとするものは、得度式
　　　に際して得度誓約を行うことが法規上定められています。
　　　(→3頁) 得度式を受けるにあたって行った誓約が生涯
　　　「僧侶の心得」となるのです。

②新しい「領解文」(浄土真宗のみ教え)

南無阿弥陀仏

「われにまかせよ　そのまま救う」の　弥陀のよび声
私の煩悩と仏のさとりは　本来一つゆえ
「そのまま救う」が　弥陀のよび声

ありがとう　といただいて
この愚身をまかす　このままで
救い取られる　自然の浄土
仏恩報謝の　お念仏

これもひとえに
宗祖親鸞聖人と
法灯を伝承された　歴代宗主の
尊いお導きに　よるものです

み教えを依りどころに生きる者　となり

少しずつ　執われの心を　離れます

生かされていることに　感謝して

むさぼり　いかりに　流されず

穏やかな顔と　優しい言葉

喜びも　悲しみも　分かち合い

日々に　精一杯　つとめます

※令和5年(2023)1月16日、御正忌報恩講日中法要(ご満座)に
　引き続き発布されました新しい「領解文」(浄土真宗のみ教え)に
　ついての消息の中で第25代宗主専如門主が示されました。

③浄土真宗の生活信条

一、み仏の誓いを信じ　尊いみ名をとなえつつ
　　強く明るく生き抜きます

一、み仏の光りをあおぎ　常にわが身をかえりみて
　　感謝のうちに励みます

一、み仏の教えにしたがい　正しい道を聞きわけて

　　まことのみのりをひろめます

一、み仏の恵みを喜び　互にうやまい助けあい
　　社会のために尽します

※昭和33年（1958）4月16日、大谷本廟親鸞聖人七百回大
　遠忌法要「御満座の消息」の中で第23代宗主勝如上人が

　示されました。

memo

①領解文

安心　もろもろの雑行雑修自力のこころをふりすてて、一心に阿弥陀如来、われらが今度の一大事の後生、御たすけ候へとたのみまうして候ふ

報謝　たのむ一念のとき、往生一定御たすけ治定と存じ、このうへの称名は、御恩報謝と存じよろこびまうし候ふ

師徳　この御ことわり聴聞申しわけ候ふこと、御開山聖人御出世の御恩、次第相承の善知識のあさからざる御勧化の御恩と、ありがたく存じ候ふ

法度　このうへは定めおかせらるる御掟、一期をかぎりまもりまうすべく候ふ

※領解文は真宗教義を会得したままを口に出して陳述するように第8代宗主蓮如上人が作られたものとされています。浄土真宗のみ教えが簡潔に示され、「安心」「報謝」「師徳」「法度」の四段からなります（→註、1225頁〜）。

②私たちのちかい

一、自分の殻に閉じこもることなく
　　穏やかな顔と優しい言葉を大切にします
　　微笑み語りかける仏さまのように
一、むさぼり、いかり、おろかさに流されず
　　しなやかな心と振る舞いを心がけます
　　心安らかな仏さまのように

一、自分だけを大事にすることなく
　　人と喜びや悲しみを分かち合います
　　慈悲に満ちみちた仏さまのように
一、生かされていることに気づき
　　日々に精一杯つとめます
　　人びとの救いに尽くす仏さまのように

※平成30年（2018）11月23日、第25代宗主である専如門
　主が示されました。

③食事のことば

【食前のことば】
　●多くのいのちと、みなさまのおかげにより、このごちそう
　をめぐまれました。

（同音）
　深くご恩を喜び、ありがたくいただきます。

【食後のことば】
　●尊いおめぐみをおいしくいただき、ますます御恩報謝につ
　とめます。

（同音）
　おかげで、ごちそうさまでした。

※平成21年（2009）11月に新しい「食事のことば」が制定
　されました。いのちへの深いまなざしを学ぶ大切なご縁と
　なりますので、食事の前と後に唱和します。仏祖に対する
　御恩報謝と、多くの動植物のいのちをいただいて生きてい
　ることへの感謝を忘れず、生活を送ることが大切です。

　浄土真宗本願寺派の法要儀式は、『浄土真宗本願寺派　法式規範(ほっしき きはん)』を基準にしています。序文に「儀礼は心の表徴(ひょうちょう)」とあります。作法や着付け、仏具の扱い方も含め、法要儀礼は仏徳讃嘆(ぶっとく さんだん)の志によって行われることが基本です。ただ形を整えるだけでは勤式作法をおろそかにすることになります。

　『法式規範』を座右に置いて、一人ひとりが研鑽を深め、法式を充実させることが、ご法義一層の繁昌(ほうぎ はんじょう)につながっていきます。正しい勤式作法が行えるように練習しましょう。

①基本的な一般作法

　『法式規範』一般作法の「姿勢(しせい)・合掌(がっしょう)・礼拝(らいはい)・揖拝(ゆうはい)・歩行(ほこう)・入堂(にゅうどう)・退出(たいしゅつ)・蹲踞(そんこ)・着座(ちゃくざ)・起座(きざ)・焼香(しょうこう)・起居礼(ききょらい)」（→規範、3〜11頁）についてよく読み、何度も練習して正しい作法を習得しましょう。

②衣体の着付け及び五条袈裟の威儀の結び方、並びに黒衣の畳み方

　『法式規範』「被着法(ひちゃくほう)」（→規範、20〜25頁）をよく読み、黒衣の着付けと墨五条袈裟(すみ ごじょうげ さ いぎ)で威儀が結べるように練習しましょう。片づける時は必ず丁寧に折りたたんで片づけます。黒衣などの正しい畳み方を習得しましょう。

　法衣・袈裟は大切な法具です。粗雑に扱わず、またいだり歩くような場所に直接置いたりしないようにします。畳の上などに置く場合は中啓(ちゅうけい)や風呂敷などを使用します。

③法具や役配作法などについての知識

　『法式規範』「執持法」（→規範、26頁）の説明と「念珠・中啓・華籠・経本・声明本・読物」（→規範、26〜32頁）についての文章を読み、法具の名称や扱い方などを覚えましょう。

　『法式規範』「打物法」（→規範、33頁）の説明と「梵鐘・喚鐘・磬・沙羅・節柝」（→規範、33〜38頁）についての文章を読み、使い方や名称などを覚えましょう。

　『法式規範』役配作法の「導師・調声人・結衆・列衆」（→規範、74〜79頁）についての文章を読み、役割や名称を覚えましょう。

④本堂の仏具や荘厳

　本堂の仏具や荘厳については『法式規範』「荘厳法」（→規範、39〜55頁）に詳説されています。内容をよく読み、本堂内の場所や仏具の名称、荘厳方法とお給仕の仕方、並びに清掃と奉仕の心得について学びましょう。

　※なお、126〜131頁に示した仏具等の写真は、一例を示したものです。

①本堂と庫裡

　浄土真宗の寺院においては、「御本尊を安置する堂」を本堂といい、寺族が日常生活を営む建物を庫裡（庫裏）という。

　本堂には内陣・外陣、左・右余間、後堂、および周囲に勾欄を巡らせた縁がある。また、本堂の正面階段下を向拝といい、後堂から内陣への出入口を後門という。

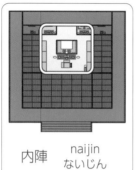

内陣　naijin　ないじん

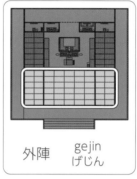

外陣　gejin　げじん

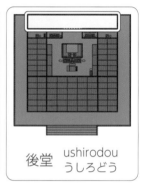

後堂　ushirodou　うしろどう

回畳　mawarijou　まわりじょう

内陣出勤者が着座する畳。

（→規範、275頁）

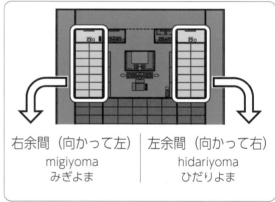

右余間（向かって左）　migiyoma　みぎよま ｜ 左余間（向かって右）　hidariyoma　ひだりよま

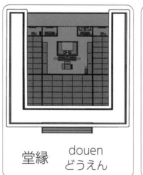

堂縁　douen　どうえん

向拝　gohai　ごはい

後門　goumon　ごうもん

②寺院の内陣や余間

　寺院の内陣には、宮殿（→128頁）のうしろ左右に脇壇があり、一般の寺院では左脇壇（向かって右）に宗祖御影（親鸞聖人の御影）を安置する厨子を置き、右脇壇（向かって左）には先師御影（先師上人の御影）または蓮如上人御影を奉懸する。

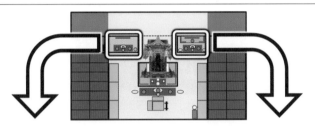

右脇壇（向かって左）
migiwakidan
みぎわきだん

もしくは

蓮如上人御影
rennyoshouningoei
れんにょしょうにん
ごえい

先師御影
senshigoei
せんしごえい

左脇壇（向かって右）
hidariwakidan
ひだりわきだん

宮殿には扉はなく
厨子には扉がある

厨子　zushi
ずし

宗祖御影　shuusogoei
しゅうそごえい

厨子は、親鸞聖人の御影像を安置する（扉のある）龕（仏祖の像を安置する室）をいう。（→規範、272頁）

また、左右の余間には七高僧や聖徳太子の御影などを奉懸し、右余間（向かって左）壇上には御文章箱を置く。

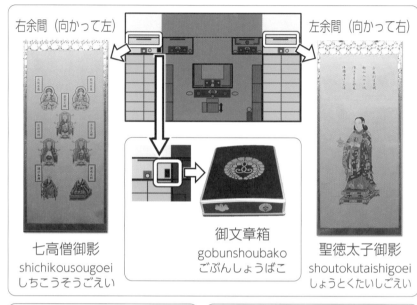

右余間（向かって左）

左余間（向かって右）

七高僧御影
shichikousougoei
しちこうそうごえい

御文章箱
gobunshoubako
ごぶんしょうばこ

聖徳太子御影
shoutokutaishigoei
しょうとくたいしごえい

宮殿
kuuden
くうでん

須弥壇
shumidan
しゅみだん

宮殿は、御本尊を安置する（三方に扉のない）仏殿。須弥壇の上に安置する。　　　　　　（→規範、272頁）

戸帳
tochou
とちょう

揚巻
agemaki
あげまき

※瓔珞・戸帳・揚巻・華鬘は、いずれも御本尊前を荘厳する仏具。

糸華鬘
itokeman
いとけまん

金華鬘
kanakeman
かなけまん

※宮殿などを飾るものを瓔珞、厨子を荘厳するものを宝鐸という。

瓔珞　youraku　ようらく

宝鐸　houtaku　ほうたく

※金灯籠・輪灯・菊灯は灯明具。

金灯籠
kanadourou
かなどうろう

輪灯
rintou
りんとう

菊灯
kikutou
きくとう

※尊前の装飾布

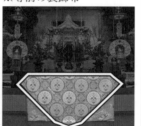

打敷　uchishiki　うちしき

水引　mizuhiki　みずひき

※天蓋は天井から吊るす荘厳具で、仏天蓋・人天蓋の二種がある

仏天蓋
buttengai
ぶってんがい

人天蓋
nintengai
にんてんがい

※翠簾は、内陣と余間や外陣との境界の長押にかけるすだれをいう。

翠簾　misu　みす

　礼盤は、導師が着座して法要を執行する礼盤（らいばん）と、向卓（むこうじょく）（立経台（りっきょうだい））、脇卓（わきじょく）（柄香炉・塗香器（ずこうき））、磬台（けいだい）（磬・磬枚（けいばい））の諸具からなる。

立経台　rikkyoudai　りっきょうだい

向卓　mukoujoku　むこうじょく

塗香器　zukouki　ずこうき

柄香炉　egouro　えごうろ

脇卓　wakijoku　わきじょく

礼盤　raiban　らいばん

磬台　keidai　けいだい

磬　kei　けい

磬枚　keibai　けいばい

・お給仕（きゅうじ）の順番　点火（てんか）→点燭（てんしょく）→供香（ぐこう）→供飯（ぐはん）
・蠟燭（ろうそく）には朱蠟・白蠟（はくろう）・銀蠟（ぎんろう）・金蠟（きんろう）があり、法要の種別によって使い分ける。

仏前の上卓や前卓に荘厳するものとして香・華・灯があり、次のように組み合わせて用いる。

上卓　uwajoku
うわじょく

※須弥壇の上にある卓

御本尊前の上卓に荘厳する仏具

四具足　shigusoku
しぐそく

① 華瓶　kebyou
けびょう

② 蠟燭立
rousokutate
ろうそくたて

③ 火舎　kasha
かしゃ

※ⓐ仏飯器　buppanki
ぶっぱんき

前卓　maejoku
まえじょく

※須弥壇などの前にある卓

前卓に荘厳する仏具

三具足　mitugusoku
みつぐそく

※三具足
花瓶　蠟燭立、香炉

① 花瓶　kahin
かひん

② 蠟燭立
rousokutate
ろうそくたて

③ 金香炉
kanagouro
かなごうろ

④ 香炉台
kourodai
こうろだい

⑤ 土香炉
dogouro
どごうろ

五具足　gogusoku
ごぐそく

※五具足
花瓶一対、蠟燭立一対、香炉

①日常でのおつとめ（『正信偈和讃』）

　本願寺第8代宗主蓮如上人が文明5年（1473）、吉崎御坊において、「正信念仏偈」と「三帖和讃」を合わせて開版され、門徒僧侶がともに、朝夕におつとめするべきものとして『正信偈和讃』が制定されました。（→規範、291頁　下）

・『正信偈和讃』の草譜及び行譜の暗唱。
・和讃六首（弥陀成仏から六首）の読誦。
・出音（唱え出しの音程）と速度を覚える。

出音について

帰命無量寿如来	ハ長調の　レ
善導独明仏正意	ハ長調の　ソ
初重の念仏	ハ長調の　レ
二重の念仏	ハ長調の　ミ
三重の念仏	ハ長調の　ラ
回　向	ハ長調の　ミ

※実際は和音階を用いておつとめをします。

　洋楽のハ長調の音階は基音（ラ）を440Hzとしているのに対して和音階の基音（黄鐘）を430Hzとして、各音が割り付けられています。厳密にはハ長調で表記した音よりも少し低い音が出音になります。

速度について

草譜	「帰命無量寿如来〜唯可信斯高僧説」	70拍〜90拍
行譜	「帰命無量寿如来〜至安養界証妙果」	70拍〜80拍
	「善導独明仏正意〜唯可信斯高僧説」	50拍〜60拍
念仏・和讃・回向		50拍〜60拍

※拍をとりながらおつとめの練習をしましょう。

1分間の拍数で表記していますので、拍数が少ないほどゆっくりになります。1秒と60拍は同じ速度になります。

※「正信念仏偈」を唱読する際は鼻音（鼻的破裂音）を使用しません。

鼻音とは「仏（ぶつ）」や「菩薩（ぼさつ）」などの「つ」は前舌部を上歯茎に当てて止めた息を破裂させ、その破裂音を鼻に抜くという読み方。

②法事でのおつとめ（『仏事勤行（阿弥陀経）』）

『勤式集』上巻の

『佛事勤行（阿彌陀經）』（184〜215頁）

「三奉請」・「表白」・「佛説阿彌陀經」

「念佛・和讃」・「回向」

を正しく読誦できるよう練習しましょう。なお、ご法事ではおつとめの後法話をします。その内容についても考えてみましょう。

③葬儀でのおつとめ（「出棺勤行」・「葬場勤行」）

『葬儀勤行集』の

「出棺勤行」（95〜103頁）

「歸三寶偈」・「短念佛」・「回向」

「葬場勤行」（104〜124頁）

「三奉請」・「表白」・「正信念佛偈」

「短念佛」・「念佛和讚二首引」・「回向」

を正しく読誦できるよう練習しましょう。

④御文章の拝読（「聖人一流章」・「白骨章」）

『勤式集』上巻の

「聖人一流章」（274・275頁）

「白骨章」（282〜286頁）

を正しく拝読できるよう練習しましょう。

　なお、拝読に際しての区切り表記、及び「鼻音」「大切」「中切」「高切」などの拝読方法については『勤式集』凡例の13〜15頁を、拝読の作法については『法式規範』の「御文章の拝読」（101〜103頁）を確認しましょう。

得度習礼に向けて

　以上、得度習礼を受けるにあたって最低限必要な内容をA〜Dの項目に分けて説明しました。各項目については、必ず所属寺のご住職に確認をしてもらいましょう。

　なお、おつとめについては、一人で練習するだけでなく、先輩僧侶に手本を示してもらいながら指導を受け、習得できるまで何度も練習する必要があります。

　また、

・勤式指導所ホームページ

　http://gonshiki.hongwanji.or.jp

・本願寺得度習礼所（企画・制作）のＣＤ

　「浄土真宗本願寺派勤式集―得度習礼用―」（本願寺出版社）

なども参考にして、学習に役立ててください。

「註釈版」拝読の手引き

　今日、得度習礼をはじめ、研修会や学習会の場で用いられているのは、『浄土真宗聖典―註釈版―』『浄土真宗聖典　七祖篇―註釈版―』『浄土真宗聖典―註釈版第二版―』（以下、これら３書を「註釈版」）でしょう。実は、これらの「註釈版」が世に出るまでは、講師・受講者共通の聖典は、本願寺から刊行されていなかったのです。そのような中、「註釈版」は待ち望まれて、1988年に初版（緑色表紙）、1996年に七祖篇（紫色表紙）、2004年に第二版（青色表紙）が刊行されました。その「註釈版」には、正しくお聖教の文意を理解するために、様々な工夫がなされています。

①本文

　お聖教の原文は漢文や古文ですが、「註釈版」では現代人に馴染みやすいものとなっています。漢文は書き下し文にし、片仮名は平仮名にしているのです。さらには、句読点・括弧類を挿入し、難解な仏教用語の読み方に戸惑うことがないよう、原則としてすべての漢字に、現代仮名遣いのルビ（ふりがな）が付されています。

②本文の校訂

　一般に校訂とは、活字にする際、よりどころとした本（底本）の誤りを、異なる系統の本（対校本）によって訂正することをいいます。「註釈版」では、底本について、そのままでは文意が通じにくい、あるいは不備と思われる箇所を、対校本などによって改めています。

③解説・柱書・段落番号

　「註釈版」に収録されているお聖教のはじめには、簡潔な解説を掲載しています。また、左右の余白にある柱書は、構成や内容を把握しやすいように示されたものです。段落箇所は、一連の番号を【　】内に漢数字で示し、本文に挿入しています。

④各註釈

「註釈版」には、四つの特色ある註釈がほどこされています。

(1)本文註…人名、書名、願名、引用文の出拠等について本文の中に
（ ）で括り挿入したもの。

(2)脚　註…とくに説明を必要とする語、読解上留意すべき校異・左訓等に
ついて、本文中の言葉に＊マークを付し本文下の欄外に示した
もの。

(3)巻末註…仏教・浄土真宗の基本用語、また人名や書名などの固有名詞を
まとめて巻末に五十音順に掲載したもの。

(4)補　註…浄土真宗の基本かつ重要な要語、留意すべき要語について詳述
したもの。

以上、「註釈版」にほどこされた工夫について、その一端をご紹介しました。詳しくは、「註釈版」各本の凡例をご覧ください。

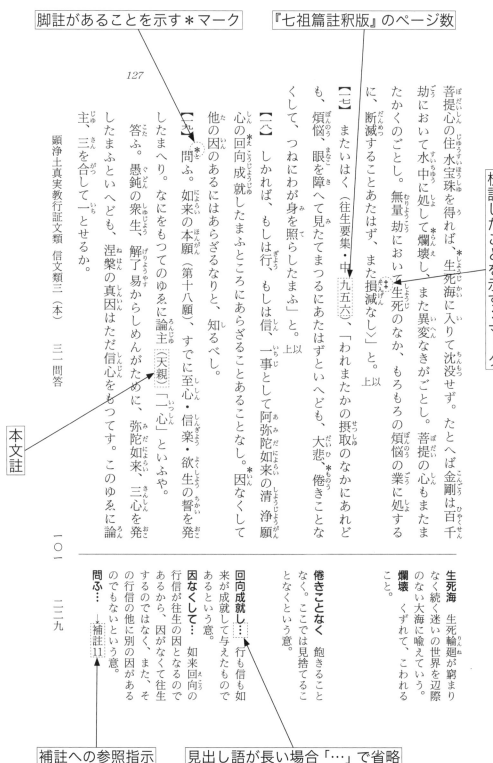

脚註があることを示す＊マーク

『七祖篇註釈版』のページ数

校訂したことを示す‡マーク

本文註

補註への参照指示

見出し語が長い場合「…」で省略

127

顕浄土真実教行証文類　信文類三（本）　三一問答

主、三を合して一とせるか。
したまふといへども、涅槃の真因はただ信心をもつてす。このゆゑに論
答ふ。愚鈍の衆生、解了易からしめんがために、弥陀如来、三心を発
【一九】＊問ふ。なにをもつてのゆゑに論主（天親）「一心」といふや。
したまへり。
他の因のあるにはあらざるなりと、知るべし。
心の回向成就したまふところにあらざることあることなし。＊因なくして
【一八】しかれば、もしは行、もしは信、一事として阿弥陀如来の清浄願
くして、つねにわが身を照らしたまふ」と。上以
も、煩悩、眼を障へて見たてまつるにあたはずといへども、大悲、倦きことな
【一七】またいはく（往生要集・中九五六）、「われまたかの摂取のなかにあれど
に、断滅することあたはず、また損減なし」と。上以
たかくのごとし。無量劫において生死のなか、もろもろの煩悩の業に処する
劫において水中に処して爛壊し、また異変なきがごとし。菩提の心もまた
菩提心の住水宝珠を得れば、生死海に入りて沈没せず。たとへば金剛は百千

一〇一　二二九

回向成就し…　行も信も如来が成就して与えたものであるから、因がなくて往生するのではなく、因の行信が往生の他に別の因があるのでもないという意。→補註11

因なくして…　如来回向の行信が往生の因となるのであり、因がなくて往生するのではなく、また、その行信の他に別の因があるという意。

倦きことなく　飽きることなく。ここでは見捨てることなくという意。

生死海　生死輪廻が窮まりなく続く迷いの世界を辺際のない大海に喩えていう。

爛壊　くずれて、こわれること。

問ふ…　→補註11

段落番号 『原典版』ページ数 柱書

語句の補い

各聖教のページ数 通ページ数

巻末註への参照指示

仏説観無量寿経　序分　発起序　欣浄縁　光台現国

六　九〇

宮に出でたまふ。時に韋提希、礼しをはりて頭を挙げ、世尊釈迦牟尼仏を見たてまつる。身は紫金色にして百宝の蓮華に坐したまへり。目連は左に侍り、阿難は右にあり。釈・梵・護世の諸天、虚空のなかにありて、あまねく天華を

7　雨らしてもつて供養したてまつる。時に韋提希、仏世尊を見たてまつりて、みづから瓔珞を絶ち、身を挙げて地に投げ、号泣して仏に向かひてまうさく、「世尊、われ宿、なんの罪ありてか、この悪子を生ずる。世尊また、なんらの因縁ましましてか、提婆達多とともに眷属たる。

〔五〕　やや、*願はくは世尊、わがために広く憂悩なき処を説きたまへ。われまさに往生すべし。閻浮提の濁悪の世をば楽はざるなり。この濁悪の処は地獄・餓鬼・畜生盈満し、不善の聚多し。願はくは、われ未来に悪の声を聞かじ、悪人を見じ。いま世尊に向かひて、五体を地に投げ、哀れみを求めて懺悔す。やや、願はくは仏日、われに教へて清浄業処を観ぜしめたまへ」と。その時世尊、眉間の光を放ちたまふ。その光金色なり。あまねく十方無量の世界を照らし、還りて仏の頂に住まりて化して金の台となる。〔その形は〕須弥

8　山のごとし。十方諸仏の浄妙の国土、みななかにおいて現ず。あるいは国土

紫金色　紫金は紫磨黄金のこと。→闇浮檀金。

釈梵護世の諸天　釈は帝釈天、梵は梵天、護世の諸天は四天王のこと。→帝釈　→梵天王、四天王

やや　相手に恭順の意を示しつつ応諾する語。「はい」とか「どうぞ」にあたる。

地獄餓鬼畜生　これらを三悪趣（三悪道）という。

五体を地に投げ↓　両ひざ・両ひじ・額の五体を地につけて礼拝するという意。

仏日　釈尊を太陽に喩えた語。

清浄業処　清浄の業因によって報い現れた世界、すなわち浄土のこと。

139

基本問題

「浄土真宗の教章」（私の歩む道）を基に作成した次の文章の □ にあてはまる適切な語句を覚えましょう。

1．宗派の正式名称は、 □□□□□□□□

2．宗祖は、 □□ 聖人

3．宗祖の誕生の月日は、今の暦で 　□ 月 □□ 日
　　　　　往生の月日は、今の暦で 　□ 月 □□ 日
　　　　　　　　　　　　昔の暦で □□ 月 □□ 日

4．ご本尊は □□□□□ または、 □□□□□□

5．「浄土三部経」とは □□□□□□ 　〔略称〕 □ 経
　　　　　　　　　　 □□□□□□□ 　〔略称〕 □ 経
　　　　　　　　　　 □□□□□□ 　〔略称〕 □ 経

6．三帖和讃とは 　　□□ 和讃
　　　　　　　　　　□□ 和讃
　　　　　　　　　　□□□ 和讃

7．宗祖の主著は、『顕浄土真実教行証文類』で、
　　　　　略称を『 □□□□ 』ともいう

8．本宗派の本山は □□ 山　本願寺

【解答】

1. 宗派の正式名称は、 **浄土真宗本願寺派**

2. 宗祖は、 **親鸞** 聖人

3. 宗祖の誕生の月日は、今の暦で **5** 月 **21** 日
   往生の月日は、今の暦で **1** 月 **16** 日
   昔の暦で **11** 月 **28** 日

4. ご本尊は **阿弥陀如来** または、 **南無阿弥陀仏**

5. 「浄土三部経」とは **仏説無量寿経** 〔略称〕 **大** 経
   仏説観無量寿経 〔略称〕 **観** 経
   仏説阿弥陀経 〔略称〕 **小** 経

6. 三帖和讃とは **浄土** 和讃
   高僧 和讃
   正像末 和讃

7. 宗祖の主著は、『顕浄土真実教行証文類』で、
   略称を『 **教行信証** 』ともいう

8. 本宗派の本山は **龍谷** 山 本願寺

memo

得度習礼に必要な書籍

『浄土真宗聖典－註釈版第二版－』　浄土真宗本願寺派総合研究所編　本願寺出版社

『浄土真宗本願寺派　法式規範』（第三版）　勤式指導所編　本願寺出版社

『浄土真宗本願寺派　葬儀規範』　勤式指導所編　本願寺出版社

『正信偈和讃』（小本和讃本）　参拝教化部〈免物係〉

『浄土真宗本願寺派　勤式集』　勤式指導所編　本願寺出版社

『浄土真宗本願寺派　葬儀勤行集』　勤式指導所編　本願寺出版社

《参考文献》

『浄土真宗聖典　七祖篇－註釈版－』　浄土真宗本願寺派総合研究所編　本願寺出版社

『浄土真宗聖典－現代語版－』　浄土真宗本願寺派総合研究所編　本願寺出版社

『浄土真宗辞典』　浄土真宗本願寺派総合研究所編　本願寺出版社

『浄土真宗本願寺派　宗門基本法規集』　所務部〈法制・訟務・契約事務担当〉編　本願寺出版社

『浄土真宗本願寺派「宗制」解説』　新「宗制」解説書作成委員会・法制部編　本願寺出版社

『増補改訂　本願寺史』（第一巻・第二巻）　本願寺史料研究所編　本願寺出版社

『「浄土真宗本願寺派　葬儀規範」解説－浄土真宗の葬送儀礼－』　本願寺仏教音楽・儀礼研究所編　本願寺出版社

『真宗の教義と安心』　僧侶養成部編　本願寺出版社

浄土真宗本願寺派 僧侶教本A

2020年3月31日　第一版　第一刷発行
2023年9月1日　第二版　第一刷発行

編　集　　浄土真宗本願寺派僧侶養成部
　　　　　浄土真宗本願寺派総合研究所

発　行　　本願寺出版社
　　　　　〒600-8501 京都市下京区堀川通花屋町下ル
　　　　　　　　　浄土真宗本願寺派（西本願寺）
　　　　　電話 075-371-4171　FAX 075-341-7753

印　刷　　中村印刷株式会社